Gaspard-Hubert LONSI KOKO

LA CONSCIENCE BANTOUE

DU MÊME AUTEUR :

- *Les figures marquantes de l'Afrique subsaharienne - 3* – L'Atelier de l'Égrégore, collection Démocratie & Histoire, Paris, 2020 – ISBN : 979-10-91580-38-0 ;
- *Mais quelle crédibilité pour les Nations Unies au Kivu!* collection Démocratie & Histoire, Paris, 2019 – ISBN : 979-10-91580-40-3 ;
- *Le regard africain sur l'Europe* – L'Atelier de l'Égrégore, collection Démocratie & Histoire, Paris, 2020 – ISBN : 979-10-91580-36-6 ;
- *Pagaille à Mavoula !* – L'Atelier de l'Égrégore, collection Démocratie & Histoire – Paris, 2018 – ISBN : 979-10-91580-25-0 ;
- *Le justicier exécuteur* – L'Atelier de l'Égrégore, collection Crime & Suspense – Paris, 2016 – ISBN : 979-10-91580-07-6 ;
- *Au pays des mille collines* – L'Atelier de l'Égrégore, collection Crime & Suspense – Paris, 2016 – ISBN : 979-10-91580-05-2 ;
- *La chasse au léopard* – L'Atelier de l'Égrégore, collection Crime & Suspense – Paris, 2015 – ISBN : 979-10-91580-04-5 ;
- *Dans l'œil du léopard* – L'Atelier de l'Égrégore, collection Crime & Suspense – Paris, 2015 – ISBN : 979-10-91580-03-8 ;
- *Ma vision pour le Congo-Kinshasa et la région des Grands* Lacs, Éditions de l'Harmattan – Paris 2013 – ISBN : 978-2-343-02079-2 – EAN Ebook format Pdf : 9782336330327 ;
- *Congo-Kinshasa : le degré zéro de la politique*, Éditions de L'Harmattan – Paris, avril 2012 – ISBN : 978-2-296-96162-3 – ISBN13 Ebook format Pdf : 978-2-296-48764-2 ;
- *La vie parisienne d'un Négropolitain* – L'Atelier de l'Égrégore, collection Roman – Paris, 2012 – ISBN : 979-10-91580-06-9 ;
- *Drosera capensis* – L'Atelier de l'Égrégore, collection Roman – Paris, 2005 – ISBN : 979-10-91580-01-4 ;
- *Le demandeur d'asile* – L'Atelier de l'Égrégore, collection Document/Réalité – Paris, 2012 – ISBN : 979-10-91580-00-7 ;
- *La République Démocratique du Congo, un combat pour la survie* – Éditions de l'Harmattan – mars 2011 – ISBN : 978-2-296-13725-7 – ISBN Ebook format Pdf : 978-2-296-45021-9 ;
- *Socialisme : un combat permanent* – Tome I – *Naissance et réalités du socialisme* – L'Atelier de l'Égrégore, collection Démocratie & Histoire – 2ème édition, Paris, 2017 – ISBN : 978-2-916335-04-9 (coécrit avec Jacques Laudet) ;
- *Mitterrand l'Africain ?* – L'Atelier de l'Égrégore, collection Démocratie & Histoire – 2ème édition, Paris, 2017 – ISBN : 979-10-91580-02-1 ;
- *Un nouvel élan socialiste*, Éditions de L'Harmattan, collections Question contemporaine, Paris, mai 2005 – ISBN : 2-7475-8050-4 – ISBN Ebook format Pdf : 978-2-296-39177-2.

Gaspard-Hubert LONSI KOKO

LA CONSCIENCE BANTOUE

Collection Démocratie & Histoire

L'Atelier de l'Égrégore

Illustrations : Marie-Pierrette Gandon
ISBN : 979-10-91580-42-7 – EAN : 9791091580427
© L'Atelier de l'Égrégore, avril 2020
http://www.atelieregregore.eu – Courriel : atelieregregore@gmail.com

À ma mère Marie Wumba Ntongi et mon père Samuel Koko Buka Tona, ainsi qu'à mes enfants Syrine Wumba et Lorens Bisengu dont les origines, bantoue et celte, font d'eux à la fois des Ne Kongo et des Bretons.

À mes grands-parents maternels et paternels Hélène Biyaka Tsotsa et David Lonsi Mabika Ndontoni, Lina Makela et Aaron Niemba ; ainsi qu'à mon grand-oncle maternel Alphonse Kitanga Nsongo et mes ascendants des clans Nlasa Ngandu et Mwakasa, ma tante paternelle Rachel Nkanga et mes ascendants des clans Vuzi di Nkuwa et Nsala Nkanga.

À tous les Bantous, sur terre comme au ciel, d'Afrique et d'ailleurs, considérés sous la forme spirituelle ou matérielle, métaphysique ou physique, visible ou invisible…

Aux agnostiques mystiques et animistes que, à tort, l'on regarde souvent de travers.

« Il y a trois choses qu'un Homme ne doit pas ignorer s'il veut survivre assez longtemps en ce bas monde : ce qui est trop fort pour lui, ce qui est trop peu pour lui et ce qui lui convient parfaitement. »
Proverbe bantou

« Plus on avance sur le chemin de la connaissance, plus on s'aperçoit qu'on sait de moins en moins. »
Emmanuel Swedenborg

« Bien que sachant lire, le Blanc n'a pu comprendre les pratiques du sorcier. »
Proverbe vili

La tactique de combat de l'armée zouloue fut portée à son apogée par Chaka kaSenzangakhona. Elle permit aux Zoulous d'imposer leur hégémonie dans la région d'Afrique australe. Aux qualités traditionnelles de courage et de mobilité des armées africaines, le fondateur du Royaume Zoulou ajouta l'organisation et l'entraînement. Il transforma un ost indiscipliné en une unité de combat particulièrement redoutable, reposant sur un système régimentaire. Au cours d'une bataille, l'armée zouloue se présentait en arc de cercle face à l'adversaire. Au centre se tenait une composante symbolisant la poitrine constituée des régiments aguerris, tandis que sur les ailes étaient placés les régiments de jeunes guerriers. Ces derniers devaient mettre à profit la vitesse et l'agilité dans l'exécution de leur tâche – l'objectif consistant à déborder l'ennemi, par l'attaque sur les flancs dans le but de l'encercler pendant que les guerriers de la poitrine l'affrontaient de face. Derrière la poitrine, dos vers la bataille afin de garder le calme indispensable à l'articulation de la tactique adoptée, les régiments de vétérans en guise des reins se tenaient en réserve. Ils n'interviendraient que pour faire basculer l'affrontement à leur avantage. Chaque homme connaissait parfaitement sa position, les gestes et les manœuvres avaient été indéfiniment répétés au point de devenir des automatismes.

Certes, l'armée zouloue n'était pas invincible dans la mesure où les Boers l'avaient étrillée sévèrement à la bataille de *Blood River* en 1838. Mais elle n'était certainement pas à négliger, ou à sous-estimer. Les Britanniques, qui avaient commis l'erreur de compter sur leur seule puissance de feu afin de gagner le conflit dans un court délai, en firent l'amère expérience lors de bataille d'*Isandhlwana*. Les Anglais perdirent 1 300 soldats dans ce « Waterloo africain ». La nation zouloue leur infligea une sévère défaite, sans arme à feu : uniquement avec des sagaies, des casse-tête et des boucliers en peau de bœuf. Ainsi naquit l'image d'Épinal du guerrier zoulou !

Prologue

Les études les plus sérieuses rapportent que l'Afrique est un espace continental qui couvre 6 % de la surface de la Terre : c'est-à-dire 20 %, les îles comprises, des terres émergées à hauteur des 30 415 873 km². Si l'on considère les Amériques – celles du Nord, du Centre et du Sud – comme une seule entité, le continent africain occupe le troisième rang avec plus de 1,2 milliard d'habitants[1]. La mer Méditerranée au Nord, le canal de Suez et la mer Rouge au Nord-Est, l'océan Indien au Sud-Est et l'océan Atlantique à l'Ouest constituent ses frontières géographiques. Considéré unanimement comme le berceau de l'Humanité, les ancêtres de l'Homme y étaient apparus. Selon toute probabilité, au moins 200 000 ans environ plus tôt, l'individu moderne qui s'était installé sur le reste du globe en était originaire.

L'appellation « Afrique » a fait étymologiquement l'objet de nombreuses hypothèses. Pour la linguiste Michèle Fruyt, ce terme fit son apparition dans les langues européennes par le truchement des Romains. Ces derniers désignaient ainsi la partie septentrionale de ce continent. De plus en Campanie, d'après le linguiste belge Louis Deroy, ainsi que l'archiviste et linguiste française Marianne Mulon, *africus* qualifiait le vent pluvieux en provenance de la région carthaginoise. En effet, selon l'hypothèse de Daniel Don Nanjira, professeur associé d'affaires internationales et publiques à la *Columbia University school of international and public affairs* de New York, le mot

---

[1] Deuxième continent le plus peuplé après l'Asie, l'Afrique représentait en 2016 16,4 % de la population de la planète. Celle-ci pourrait atteindre ou dépasser en 2050, d'après les démographes, les 2,4 milliards d'habitants dont la moitié serait âgée de moins de 24 ans.

latin *Africa* pourrait découler soit du nom *Afridi*, une tribu qui vivait en Afrique du Nord près de Carthage, soit du terme phénicien *Afar* en rapport avec la « poussière »[2].

À en croire d'autres chercheurs[3] et certaines sources[4], le mot « Afrique » tire son origine de la tribu Amazigh des Banou Ifren, dont Ifren était l'ancêtre originel. Celle-ci était appelée aussi Iforen ou Afer[5]. Plusieurs recherches font mention d'*Ifri*, la forme au singulier du vocable *Ifren* renvoyant à une divinité amazigh[6]. D'autres encore reconnaissent les Banou Ifren comme des habitants de l'ancienne ifrīqīyā إفريقيا qui se référait jadis, en arabe, à l'actuelle Tunisie[7]. En effet, ces derniers seraient les membres de la tribu qui, après avoir rassemblé les Afars, avaient habité l'ancienne Tripolitaine. C'étaient donc des Zénètes berbères, que, dans son ouvrage, Corripus avait désignés comme des Ifuraces[8]. Quant à l'ecclésiastique Isidore de Séville, il avait attribué l'origine de cette dénomination au qualificatif latin *aprica*, à savoir « ensoleillée ». Le diplomate et explorateur Hassan al-Wazzan ibn Muhammad al-Wazzan al-Fasi, dit Léon l'Africain, avait évoqué le

---

[2] In *African Foreign Policy and Diplomacy: From Antiquity to the 21ˢᵗ Century*, Daniel Don Nanjira, ABC-CLIO, 2010, p. 17.

[3] In *Barbaros ou Amazigh. Ethnonymes et histoire politique en Afrique du Nord*, Foudil Cheriguen, *Mots*, Presses de la Fondation nationale des sciences politiques, n° 15, 1987, p. 9. Mais aussi dans *The Berbers*, George Babington Michell, *Journal of the Royal African Society*, vol. 2, n° 6, janvier 1903, p. 161. Également dans *The Golden Age of the Moor*, Ivan Van Sertima, Transaction Publishers, 1991, p. 117. À consulter aussi Al Idrissi (trad. Reinhart Pieter Anne Dozy et Michael Jan de Goeje), *Description de l'Afrique et de l'Espagne*, Leyde, Brill, 1866, p. 102, note 4.

[4] Notamment les *Archives des missions scientifiques et littéraires de France*, Commission des missions scientifiques et littéraires, France.

[5] Terme signifiant également « grotte », ou « caverne », en langue berbère selon Ibn Khaldoun, in *Histoire des Berbères et des dynasties musulmanes de l'Afrique septentrionale*, (trad. par le baron de Slane), 1856, p. 197.

[6] In *L'Afrique du Nord dans l'Antiquité : Histoire et civilisation des origines au Vᵉ siècle*, François Decret et M'hamed Hassine Fantar, Payot, coll. Bibliothèque historique, 1998. Lire aussi *Recueil des notices et mémoires de la Société archéologique, historique du département de Constantine*, Arnolet, 1878.

[7] In *Itineraria Phoenicia,* Edward Lipiński, Leuven ; Dudley, Mass, Peeters Publishers, 2004, p. 200. Consulter aussi *Oases of the Libyan Desert*, H. R. Palmer, *The Geographical Journal*, vol. 73, n° 3, mars 1929, pp. 302-303.

[8] In *La Johannide ou sur les guerres de Libye*, Corippe (Flavius Cresconius Corippus), Errance, 2007 – Épopée, datant de 550 av. J.-C., traduite du latin.

mot grec fictif *a-phrike*, c'est-à-dire « sans froid ».

Si le terme « Afrique » a longtemps concerné la partie de l'Afrique du Nord dans les environs de Carthage, à dominante arabo-berbère, le Sud à majorité peuplé de Noirs était appelé Éthiopie. Ainsi dans le livre V de son *Histoire naturelle*, l'écrivain et naturaliste romain du Ier siècle Pline l'Ancien avait mentionné le fleuve Niger, nommé *Nigris*, en tant que délimitation. Il avait rappelé que « le fleuve Nigris [séparait] l'Afrique de l'Éthiopie »[9]. Il avait également fait allusion aux « nations éthiopiennes » qui se situaient à ses abords.

Selon quelques encyclopédies,

> « le Sahara, le plus grand désert chaud du monde, [créa] un hiatus, [ayant conduit] à des évolutions historiques distinctes entre le Nord et le Sud. À la période historique, la civilisation de l'Égypte antique se [développa] le long du Nil, l'Afrique subsaharienne [vit] naître ses propres civilisations dans les zones de savanes et l'Afrique du Nord, rive Sud de la Méditerranée, subit l'influence des Phéniciens, des Grecs et des Romains. À compter de 3000 av. J.-C., l'Afrique [connut] l'expansion bantoue. Il [s'est agi] d'un mouvement de population en plusieurs phases, orienté globalement du Nord, depuis le *Grassland*[10] du Cameroun actuel, vers le Sud, jusqu'en Afrique australe, atteinte aux débuts de l'ère chrétienne. »

Les Bantous[11] sont des locuteurs bantouphones, qui utilisent environ 500 à 600 langues et vivent dans un très vaste territoire du continent africain. On les retrouve du Cameroun aux îles des Comores et du Soudan à l'Afrique du Sud. Pour Maurice Delafosse, cet ancien gouverneur des colonies qui était aussi professeur à l'école coloniale et à l'école des langues orientales en France,

> « au Midi de la ligne [...] qui se tient en général un peu au Nord de l'Équateur pour s'infléchir vers le Sud au moment d'atteindre l'Océan Indien, s'étend le domaine des Nègres du groupe bantou. [Ces derniers] l'occupent à eux seuls, abstraction faite des Négrilles disséminés dans la zone équatoriale ou groupés en masses plus importantes dans le Sud-

---

[9] In *Histoire naturelle*, Pline l'Ancien, livre 5, Paris, Dubochet, 1848-1850, Édition d'Émile Littré.

[10] Le *Grassland* est la vaste région de savane des hauts plateaux volcaniques située dans l'Ouest du Cameroun, étalée sur les régions du Nord-Ouest et de l'Ouest. Ce territoire est appelé, selon les circonstances, hauts plateaux de l'Ouest, « savane camerounaise », ou même parfois « Grassfields ».

[11] Êtres humains en langue kikongo.

Ouest du continent, ainsi que des populations d'origine européenne qui [avaient] colonisé l'Extrême-Sud de l'Afrique.

» Les Bantous ont été de tout temps et sont encore morcelés en une infinité de peuplades n'ayant entre elles que des liens ethniques et linguistiques. Il ne s'est jamais constitué chez eux de vastes États comparables à ceux de la zone soudanaise, non point que les Bantous soient moins doués que les autres Noirs au point de vue social et politique ni que la passion du lucre et la soif du pouvoir, qui engendrent les grands conquérants et les fondateurs d'empires, soient moins développées chez eux que chez les Soudanais, mais simplement parce que leur pays, couvert en grande partie de forêts épaisses et coupé par d'innombrables cours d'eau que les crues annuelles transforment en obstacles difficilement franchissables, est moins favorable que la steppe soudanaise aux grandes randonnées militaires et aux relations commerciales ou politiques de région à région ou de peuple à peuple. »[12]

Les structures sociales et politiques des populations bantoues sont différentes. Leur seule caractéristique commune réside dans l'aspect linguistique avec l'utilisation d'un système de classes et non de genres. Selon le linguiste américain Joseph Greenberg,

« les locuteurs de ces langues auraient entrepris une expansion vers le Sud et l'Ouest du continent il y a 4 000 ans, à partir des hauts plateaux du Cameroun (*Grassland*). En [ayant aggloméré] d'autres groupes linguistiques, ils [absorbèrent] parfois certains de leurs phonèmes, comme le clic caractéristique des langues [khoisanes] ».

Toutes les sources concordent, en principe, sur l'origine des populations bantoues. Elles s'accordent sur leurs migrations à partir de la désertification du lac Tchad, à travers un déplacement du Nord vers le Sud. Quelques apports, certes minoritaires, expliquent néanmoins que la population bantouphone que composent les Douala du Cameroun avait constitué l'une des exceptions car ils étaient remontés du Sud vers le Nord – plus précisément à partir du territoire du grand, puissant et prestigieux Royaume du Kongo. Dans cet ordre d'idées, une autre source soutient que les ancêtres des Ne Kongo (natifs du Kongo), ou Besi Kongo (peuples Kongo), étaient plutôt partis du Sud du continent, après avoir fui le froid. À propos de cette entité administrative, à savoir le Royaume du Kongo,

---

[12] In *Les Noirs de l'Afrique*, Maurice Delafosse, Payot & Cie, Paris, 1922, pp. 105-106.

« les descriptions d'[Olivier] Dapper au XVIIe siècle, et surtout du Père Laurent de Lucques au début du XVIIIe, font état d'une opulence due à l'affluence des richesses des nombreuses et vastes provinces du royaume. La plupart des traditions font de Wene, ou Nimi Lukeni[13], héros fondateur et civilisateur du Kongo, le fils du roi de Bungu, ancien royaume situé à l'emplacement de l'actuelle ville de Boma, sur la rive droite du Zaïre [Congo]. Wene quitta les siens à la suite d'un conflit dont on sait qu'il fut sanglant, suivi d'autres mécontents avec [qui] il se fraya un chemin vers le Sud. Ayant vaincu, à l'issue de nombreux combats, le clan Nsaku, dont il épousa une femme, il se vit reconnaître par le chef de ce clan, qui portait le titre de Mani Kabanga, la primauté politique qui lui permit de prendre le titre de ntinu (roi) et de construire sa capitale sur un plateau dominant le pays. Sa ville fut nommée "Mbanza Kongo Dia [Ntotila]" (cité du roi).

» Le nom de Lukeni fut vraisemblablement attribué au clan du conquérant à l'issue de sa victoire et de sa consécration, dont les péripéties sont d'ailleurs fort peu connues, et soulignerait la rapidité et la force de l'action politique et "psychologique" menées par Wene après les opérations militaires. Le "lukeni" ou "lutcheni" (terme vili) constitue dans la zone côtière de l'aire culturelle Ba-Kongo l'un des principaux "talismans" (buti ; pl. mati) permettant à son propriétaire de séduire tous ceux qui l'approchent, d'asservir son entourage à l'insu de celui-ci, qui satisfera dès lors toutes ses exigences tant sur le plan matériel que politique.

» La fédération d'un grand nombre de tribus, et d'ethnies, fit naître un immense corps politique, dont la tête était à Mbanza Kongo en la personne du Mani Kongo, et dans lequel les découvreurs européens virent un royaume [...]. »[14]

Quelques siècles plus tard, dans les années 1950, Joseph Greenberg et son compatriote anthropologue, George Peter Murdock, ont entrepris une étude linguistique sur les différentes langues d'Afrique subsaharienne. Ils ont intégré les langues bantoues dans l'ensemble dit Niger-Congo et fixé leur foyer d'origine dans la région du Tchad-Bénoué dans l'actuel Cameroun. L'historien et chercheur britannique Roland Anthony Oliver a confirmé la localisation de la diffusion du premier foyer depuis le Tchad-Bénoué, puis un second foyer qui s'était répandu à partir du Katanga en République Démocratique du Congo.

---

[13] ... que certains récits tirés des Archives de la Compagnie de Jésus identifient au roi Alvaro 1er. Ce dernier aurait régné de 1568 à 1587.

[14] In *Les fondements spirituels du pouvoir au royaume de Loango*, Frank Hagenbucher-Sacripanti, ORSTOM, Paris, 1973, p. 22.

« À partir de leur foyer d'origine, situé aux confins du Cameroun et du Nigeria, les locuteurs de langues bantoues [avaient] occupé progressivement leurs territoires actuels selon un processus qui [avait] duré environ quatre mille ans. Ils [commencèrent] à étendre leur territoire vers la forêt équatoriale d'Afrique centrale entre 2000 et 1000 ans av. J.-C. Entre 1000 et 500 av. J.-C., [eut] lieu une deuxième phase d'expansion plus rapide vers l'Est et enfin une troisième phase, entre 0 et 500 ap. J.-C., vers le Sud de l'Afrique. À l'occasion de cette expansion, les locuteurs bantous se [mêlèrent] aux groupes autochtones et [développèrent] de nouvelles sociétés »[15 et 16].

Pour le professeur Joaquim Pedro Neto Rescova,

« les Portugais [avaient] atteint l'embouchure du fleuve Kongo en 1482, mais l'histoire du royaume [était] bien antérieure.

» Le Royaume du Kongo s'[était] constitué autour du grand fleuve [Kongo] et des régions environnantes au Nord, à l'Est et au Sud, jusqu'à la hauteur de l'Île de Luanda, actuelle capitale de l'Angola. C'était une vaste région de quelque 200 000 kilomètres carrés, située de la côte atlantique au-delà du méridien du Stanley Pool[17], entre le parallèle 4° S et le parallèle 9° S. Selon des sources concordantes historiques "au XIIIᵉ ou au XIVᵉ siècle, ou plus tôt peut-être, plusieurs clans bantous venant du Nord d'après les uns, du Nord-Est d'après les autres, traversèrent le fleuve non loin de son embouchure, et s'installèrent dans le pays montagneux [longeant] la rive"[18].

» D'autres sources, qui se fondent sur la tradition orale, parlent d'une possible autre migration, moins visible et très petite en nombre de personnes, [partie] cette fois du Sud du continent, beaucoup plus froid, à la

---

[15] In *Le peuplement des Grassfields : recherche archéologique dans l'ouest du Cameroun*, Philippe Lavacher, Université libre de Bruxelles, *Afrika Focus*, vol. 14, n° 1, 1998, pp. 17-36.

[16] In *Peuplement et paysages des Grassfields du Cameroun*, Jean-Pierre Warnier, dans *Paysages quaternaires de l'Afrique centrale atlantique*, Raymond Lafranchi & Dominique Schwartz (édit.), ORSTOM, coll. Didactiques, 1990, p. 502.

[17] De son nom originel « Nkunda », en kikongo, le lac Stanley Pool (Pool Malebo ou lac Ngobila), en mémoire de l'explorateur britannique Henry Morton Stanley, est un vaste élargissement du fleuve Kongo d'une longueur d'environ 35 kilomètres et d'une largeur de 23 kilomètres, marquant la frontière entre les eux capitales du monde situées face à face : Kinshasa et Brazzaville.

[18] In *L'art Ancien du Métal au Bas-Congo*, Robert L. Wannyn, Champles par Wavre, Éditions du Vieux Planquesaule, 1961, p. 9. Lire aussi *Histoire de l'Afrique des origines à nos jours*, Robert et Marianne Cornevin, Paris, Petite Bibliothèque Payot, 1964, pp. 192-194.

recherche de régions plus chaudes au centre du continent[19].

» À ce propos, [Patrício] Batsikama [affirma] que, venant comme il [semblait] du Sud-Est africain, [les] ancêtres [des Bakongo arrivèrent] dans la région qu'[arrosaient] ces cours d'eau que, pour plus d'une raison, ils [allaient] dénommer KUNENE, OVÃMBU, KUBÃNGU, LUVÃNGU, KUÃNDU.

» Ils y [jetèrent] la base d'une œuvre gigantesque qu'ils [allaient] entreprendre : la création du Royaume du Kongo…

» Ce nom de Kongo qu'ils [entendaient] attribuer à leur œuvre, contrairement à ce qu'on en a toujours dit, [n'appartenaient] à aucun individu. Il [était] adopté, afin d'évoquer à jamais :

1) les souffrances qu'ils [allaient] endurer pour la réalisation de cet immense projet [–] kônga : chercher, rechercher, se mettre en quête de, explorer ;

2) le pouvoir qui [appartiendrait] entièrement au peuple [–] kônga : troupes, foules, assemblées ;

3) l'attachement du peuple aux principes de la paix [–] kônga : tranquilliser, dorloter, endormir ;

4) l'appartenance des habitants du Royaume à la civilisation des peuples planteurs [–] kônga : cueillir, récolter, moissonner ;

5) la forme presque sphérique qu'ils [entendaient] donner à leur entreprise [–] kôngeka (kôngika) : courber[20]. »[21]

L'expansion des tribus bantoues (Béti, Bassa et Bafia) du territoire de hauts plateaux[22] situé au Sud du lac Tchad s'était poursuivi jusqu'au XIXe siècle, avant d'être interrompue au cours de la période coloniale allemande par leur stabilisation *de facto* dans l'actuel territoire du Mbam.

« Combien de fois n'a-t-on pas entendu : les Bantous sont comme ceci, les Bantous sont comme cela ? Pour beaucoup, ce terme évoque *grosso modo* les populations établies dans le Sud du continent africain. Ce n'est pas totalement inexact, sauf que le vocable *bantu* ne désigne pas des peuples ou des ethnies – mot, hélas ! qu'on continue à utiliser quand il s'agit de l'Afrique –, mais un groupe de langues négro-africaines parlées dans le centre et

---

[19] In *As origens do Reino do Kôngo*, Patrício Batsikama, Mayamba Editora, Luanda, 2010, pp. 62-86.

[20] *Ibidem*, p. 177.

[21] In *Le corps résistant du langage culturel Bantu : vers une compréhension des pratiques culturelles marginalisées de la société angolaise : le cas du mariage traditionnel Kongo*, Sociologie, Université de Strasbourg, 2015, pp. 34-35.

[22] De nos jours Adamaoua.

le Sud du continent à partir d'une ligne allant de Douala, au Cameroun, à Mombasa, au Kenya. »[23]

L'histoire du peuple bantou est avant tout liée à un gigantesque mouvement des populations qui le composent. Ce phénomène, appelé *La Grande dispersion des Bantous*, s'était opéré sur la plus vaste superficie du continent africain.

« Il est infiniment probable aussi que les envahisseurs nègres qui s'étaient avancés le plus loin dans la direction du Nord s'y trouvèrent en contact avec les autochtones primitifs, de race blanche méditerranéenne, qui étaient, à partir du Sahara central, dans les pays devenus plus tard l'Égypte et la Libye, les contemporains des Négrilles du Sahara méridional et du reste de l'Afrique. Ce contact ne put pas se produire, ni surtout se prolonger, sans qu'il en résultât des mélanges et des unions entre les peuples blancs préhistoriques de l'Afrique du Nord et les immigrants noirs succédant aux Négrilles ou fondus déjà en partie avec ces derniers. C'est très vraisemblablement à ces mélanges fort anciens, à ces unions lointaines, qu'il convient de faire remonter pour la plus grande part l'origine de ces peuples ou fractions de peuples qu'on appelle parfois des négroïdes, que l'on rencontre d'une manière presque continue à la limite Sud de la zone désertique actuelle et parfois même plus au Nord, de la Mer Rouge à l'Océan Atlantique, et qui nous apparaissent tantôt comme des populations de race blanche fortement métissées de sang noir (Bichari, Somali, Galla, Danakil, Sidama, etc.), tantôt comme des populations de race noire plus ou moins métissées de sang blanc (Massaï, Nouba, Toubou, Kanouri, Haoussa, Songoï, Sarakollé, Toucouleurs, Ouolofs), les traces de métissage se révélant tantôt dans l'aspect physique ou physiologique, tantôt dans les aptitudes intellectuelles, tantôt dans le langage, ou dans ces trois éléments à la fois. Il est même possible que les éléments de race blanche qui se manifestent incontestablement chez certaines familles peules tirent de cette circonstance une part appréciable de leur origine. Il est possible aussi que ce soit à la même cause qu'il faille attribuer les traces fort anciennes de sang noir relevées tant chez les Égyptiens de l'époque des Pharaons que chez les Abyssins modernes et chez beaucoup de tribus berbères ou arabo-berbères, indépendamment des métissages produits ultérieurement par des unions avec des esclaves noires. »[24]

Agriculteurs, les Bantous maîtrisaient une certaine technologie. D'après les archéologues, ils savaient magner des ustensiles et utiliser des armes en

---

[23] In *Qui sont les Bantous ?*, Dominique Mataillet, *Jeune Afrique*, 5 juillet 2004.
[24] In *Les Noirs de l'Afrique*, *op. cit.*, pp. 18-19.

fer, ainsi qu'en cuivre. Ils excellaient aussi dans la poterie et la métallurgie. Principalement sédentaires, seules les conditions environnementales et la nécessité de survivre les avaient contraints à émigrer. Le recours à l'agriculture avait davantage encouragé, en fin de compte, le sédentarisme et la population bantoue avait augmenté. Du XIe au XIIe siècle, une civilisation avait émergé. Comme les peuples ne se mélangeaient guère, la plupart des villages vivaient en autosuffisance ou de manière autarcique.

L'exploitation des mines avait fini par forger des relations entre les différentes tribus grâce aux pièces en cuivre et aux outils en fer. Ceux-ci avaient servi, tout compte fait, dans le domaine du commerce. Ils seraient très utilisés dans les échanges de toutes sortes. L'ivoire et le coton contribueraient également au développement des relations commerciales. Ces produits apporteraient de la solidité aux structures politiques et sociales, lesquelles étaient pourtant complexes.

*
* *

De toute évidence, l'objectif de cet ouvrage ne consiste pas à faire la promotion ou l'apologie de la notion d'ethnie, ni à plaider une quelconque supériorité des Bantouphones. Il n'est pas non plus question, toujours à propos de cette réflexion, de rééditer une sinistre création de l'impérialisme colonial, voire néocolonial, à l'instar de la désastreuse stratégie qui a cyniquement opposé les Hutus et les Tutsis à l'instigation du colonisateur belge avec la complicité de l'Église catholique. Le génocide, survenu au Rwanda en 1994, a d'ailleurs été l'une des conséquences tardives de ladite politique coloniale. Loin donc de l'esprit de l'auteur l'idée de vouloir dresser, tel un apprenti sorcier, les Bantous contre les autres peuplades africaines. La finalité de cet exercice consiste plutôt à partager davantage la conscience bantoue, afin de faire connaître de mieux en mieux l'épopée des populations concernées, celles qui vivent en Afrique et à travers le monde, dès lors que les langues bantouphones descendent d'une même racine et les Bantous d'un même ancêtre. Comme l'a si bien rappelé le linguiste gabonais Patrick Mouguiama-Daouda,

> « on s'est rendu compte que, dans la plupart des langues bantoues, comme le zoulou ou le fang, [également le kikongo et le lingala], la racine du mot

"nganga" renvoie aux tradipraticiens. Et ce n'est pas un hasard : elle vient justement de la langue mère. On en déduit que la société bantoue d'il y a cinq mille ans avait une pratique religieuse au sein de laquelle le nganga avait une place importante ».

Ce substrat culturel commun, lequel avait été notamment importé sur le continent américain par l'esclavage, a permis le mouvement de réafricanisation grâce à la valorisation d'un bon nombre d'apports dans les cultes afrobrésiliens. La diversité culturelle bantoue a toujours alimenté l'expression artistique africaine. Elle doit mettre de plus en plus en évidence le lien originel, et non stylistique, entre, par exemple, les masques de différentes régions continentales et de la diaspora bantoue dans les lieux extra-continentaux de déportation. La question bantoue doit dépasser, dans l'absolu, le cadre de la querelle scientifique. Ainsi pourrait-elle mieux éclairer, ou clarifier, les évolutions des Bantouphones dans le temps et dans l'espace. De plus, dit un vieux proverbe kongo, « kuna kuyenda ku, zulu ibua » – rappelant consciencieusement le fait que « le ciel touche la terre à l'horizon ».

Paris XVe, le 17 mars 2020, à 23 h 45,
début du confinement pour cause de coronavirus (COVID-19)

I – La Grande migration et la sédentarisation

Les Proto-Bantous seraient venus probablement de la région du Haut-Nil. Peuples des pêcheurs, la sécheresse croissante les aurait contraints à migrer dans la vallée du Nil, puis aux alentours du Lac Tchad. Autour du VIIIᵉ siècle, avait démarré la migration des peuples bantous Benga qui étaient arrivés dans la région actuelle du Sud du Cameroun, du Nord du Gabon et, vers le XIIᵉ siècle, à l'Est du Rio Muni.

Avant la Grande migration des Bantous, agriculteurs et éleveurs pasteurs, l'Afrique, aussi bien nord-équatoriale que sud-équatoriale, était peuplée de chasseurs-cueilleurs. Les Pygmées d'Afrique centrale et les Bantous formaient jadis deux branches qui, il y a plus de 70 000 ans, s'étaient séparées d'une population ancestrale commune[25].

Pour l'ancien administrateur colonial français Maurice Delafosse,

> « si nous admettons que les nouveaux arrivants accédèrent au continent africain vers les mêmes parages que ceux qui les avaient précédés, c'est-à-dire sur la côte orientale et à peu près à hauteur des Comores, nous sommes amenés à penser qu'ils trouvèrent les meilleures terres de l'Afrique sub-équatoriale occupées déjà par les premiers immigrants. Les nouveaux venus se trouvèrent donc contraints de pousser plus loin, vers le Nord et vers l'Ouest, et de s'installer chez les Négrilles demeurés là en possession du sol, en leur demandant une hospitalité qui, vraisemblablement, ne leur fut pas refusée : de là proviendrait la tradition [...] du Négrille [considéré] par

---

[25] In *Common Origins of Pygmies and Bantus*, Elias Awad, *CNRS international magazine*, 27 novembre 2014.

les Nègres du Soudan et de la Guinée comme le maître éminent de la terre. Ils élurent domicile de préférence dans les régions découvertes, bien arrosées et facilement cultivables situées entre l'Équateur et le Sahara, absorbant les quelques éléments bantous qui y étaient déjà installés ou les refoulant vers le Nord-Est (Kordofan) ou vers le Nord-Ouest (Cameroun, Golfe du Bénin, Côte d'Ivoire, Côte des Graines, Rivières du Sud, Gambie et Casamance), où nous retrouvons aujourd'hui çà et là des langues, telles que certains parlers du Kordofan, [comme] le diola de la Gambie et de la Casamance, qui se rattachent très étroitement au type bantou. »[26]

Les Bantouphones, forts des acquis préhistoriques et protohistoriques à la suite de longues migrations – occasionnées parfois par des conditions environnementales, mais surtout par un accroissement démographique –, acquirent la maîtrise des techniques agricoles et métallurgiques. Ils finirent par créer des structures sociales, plus ou moins larges, pour perpétuer leur existence terrestre. Si, dans la plupart des entités administratives de nos jours, le monarque continue à incarner au regard de la tradition un personnage hautement spirituel – sacré, responsable de la fécondité, de la fertilité et de l'équilibre des rythmes cosmiques –, la réalité du pouvoir et de son poids a toujours été dépendante d'un système différent d'une entité ethnique à une autre.

« Si le roi du Rwanda faisait figure de despote, à la fin du XIXe siècle, les Kuba entendent contrôler soigneusement le pouvoir de leur souverain, quelque sacré qu'il soit. Tous les hommes libres avides de prestige peuvent participer à l'exercice du pouvoir en acquérant auprès du souverain tel ou tel des innombrables titres constitutifs d'une administration pléthorique. Le roi ne règne pas seul. Il est entouré de plusieurs conseils et les décisions se prennent toujours à l'unanimité après de longues discussions.

» Au royaume Luba, l'autorité sacrée (bulopwe) du souverain était transmise à des chefs subalternes choisis parmi les notables de la cour. Les prêtres responsables de la fertilité de la terre dans les communautés villageoises furent intégrés dans le système politique selon deux modalités historiques : ou bien ils se [voyaient] conférer le statut de chef de village, ou bien le représentant local du pouvoir central "épousait" symboliquement le prêtre de la terre. »[158]

---

[26] In *Les Noirs de l'Afrique, op. cit.*, p. 17.

[158] *In Systèmes politiques et familiaux : Les royaumes, dans Encyclopædia Universalis,*

Les mythes et les légendes situent les tribus dans le temps et dans l'espace en fonction de leurs idées, leurs croyances et leur intelligence. Force est de reconnaître que leurs structures sociales restent l'expression vivante de l'organisation extérieure, c'est-à-dire politique ou étatique. La société bantoue étant divisée en tribus (douala, fang ou m'fan, kikuyu, téké, kongo, mbochi, sena, sotho…), chacune s'était définitivement établie dans un emplacement particulier, sans se mêler, dans la plupart des cas, aux autres groupes. La sédentarisation après de longues migrations renforça des entités dotées de chefs politiques et spirituels, de juges, qui, au sein d'un conseil, adoraient des divinités protectrices. Par conséquent, dans l'Afrique subsaharienne, l'importance sociale, culturelle, économique, politique des familles, donc des tribus, a survécu aux États précoloniaux et s'est imposée aux gouvernements postcoloniaux. On assiste à une sorte de cohabitation tacite ou de complémentarité, dans certains domaines, entre les entités tribales et les institutions étatiques.

Cette mixité fonctionnelle, entre les prérogatives étatiques et les attributions tribales, est aussi valable sur le plan linguistique. De plus, même si la plupart des groupes Batwa sont désormais devenus bantouphones, une part considérable de leur vocabulaire n'est pourtant pas d'origine bantoue. Évidemment,

> « […] au cours du dernier millénaire, les Bantous [s'étaient] en effet mélangés avec des populations pygmées d'Afrique centrale de l'Ouest, des populations afro-asiatiques d'Afrique de l'Est et, enfin, avec des populations San d'Afrique du Sud. Fait surprenant, ces métissages successifs auraient été bénéfiques aux peuples bantous, en leur [ayant permis] d'acquérir des mutations génétiques avantageuses [qui faciliteraient] leur adaptation à leurs nouveaux habitats. Ainsi, de leur métissage avec les Pygmées, les populations bantoues [acquirent] une nouvelle forme du système "HLA", [indispensable] à la mise en place de la réponse immunitaire en cas d'infection. Autre exemple de poids : en arrivant à l'Est de l'Afrique subsaharienne, les Bantous [héritèrent] des populations locales d'une variabilité associée au gène de la lactase, qui permet de continuer à digérer du lait à l'âge adulte. »[159]

---

op. cit.

[159] In *Histoire migratoire des peuples bantous : comment la génomique rend hommage au métissage et éclaire le récit de l'esclavage*, paru sur le site Internet de l'Institut français de recherche et de développement (IRD), le 9 mai 2017. Ces travaux ont été publiés le 5 mai 2017 dans la revue *Science*.

Les Bantous se mélangèrent donc, au cours de leur migration, avec d'autres populations autochtones, notamment en Afrique australe. Bien entendu, dans cette région, les actuels locuteurs du proto-khoisan sont des descendants des chasseurs-cueilleurs modernes. Ils occupent les régions arides des alentours du désert du Kalahari. En Afrique de l'Est, les locuteurs des langues hadza et sandawe, en Tanzanie, constituent l'autre groupe de chasseurs-cueilleurs modernes qui subsistent dans le continent africain. À l'origine, une partie du Kenya et de la Tanzanie de nos jours était occupée par des pasteurs, locuteurs de langues chamito-sémitiques. Ils étaient venus de la corne de l'Afrique et avaient été suivis d'une vague d'éleveurs, locuteurs des langues nilo-sahariennes[160].

> « Ce mouvement s'[était] étalé, sur une très grande échelle d'espace et de temps, du fait de l'exubérante et de l'impénétrable grande forêt équatoriale, qui [constituait] un obstacle des plus difficiles à franchir. La dispersion des Bantous aurait commencé au début de la formation du Sahara. À partir de 5 000 ans avant notre ère, le climat devenu aride au Nord du continent [avait] entraîné l'abaissement de la nappe phréatique et la détérioration subséquente du milieu. Ce changement modifia le modèle économique de la région, précédemment fondé sur l'exploitation des ressources naturelles […] comme la chasse, la pêche et la cueillette. Les ancêtres des Bantous y vivaient dans la partie du Haut-Nil, comprise entre les 17ème et 21ème parallèles. Ces lointains cousins des actuels Noirs soudanais formaient […] une partie des populations des royaumes de Koush, de Napata et de Méroé vers le VIIe siècle avant notre ère. C'[était] après la perte de leurs terres fertiles, qu'ils exercèrent une pression progressive sur leurs voisins du Sud, les [ayant contraints] à envisager à leur tour un déménagement sur de longues distances. La paléontologie et l'anthropologie attestent, en fait, que les Sahariens mésolithiques d'Asselar étaient des "Noirs de type bantou". On trouve donc leurs traces, dans toutes les régions faisant tampon, entre le Nord du continent et l'Afrique subsaharienne. […] De nombreux objets, dont des vases, ont été découverts dans l'Aouker préhistorique, une région située dans l'actuelle Mauritanie. Ils sont identiques en tout point, à ceux qui sont encore utilisés par les peuples bantous d'Afrique du Sud. Dans leurs premiers mouvements migratoires, la plupart des groupes bantouphones prirent d'abord la direction du Sud-Ouest et du Sud-Est du continent. D'autres furent contraints d'affronter la forêt tropicale, pour se fixer

---

[160] In *The historical reconstruction of Southern Cushitic phonology and vocabulary*, Christopher Ehret (Kölner Beiträge zur Afrikanistik), Berlin, Reimer, 1980, p. 407. Lire aussi *Culture History in the Southern Sudan*, Christopher Ehret, John Mack et Peter Robertshaw (éds.), British Institute in Eastern Africa, Nairobi, 1983, p. 19-48.

plus loin. Le groupe qui occupe actuellement l'Afrique du Sud se serait d'abord établi aux cours du Ve siècle, avant notre ère, aux confins du Cameroun, et du Nigeria. Puis durant leur longue progression, des populations originaires de la région comprise entre le Sud de la Bénoué (Nigeria) et l'actuel Cameroun, auraient migré par étapes vers le reste de l'Afrique centrale et vers l'Afrique orientale et australe. Elles s'installèrent dans un premier temps, autour du bassin du fleuve Congo et plus à l'Est près des Grands Lacs. Ces populations forment jusqu'à nos jours, les unes le "noyau bantou occidental" et les autres le "noyau bantou oriental". C'est à partir du XIe siècle qu'elles développèrent à l'Est, notamment au Kenya, l'élevage des bovins et de puissants royaumes.

» Nombre de groupes bantouphones avaient continué leur marche des siècles plus tôt, pour atteindre le territoire du Grand Zimbabwe. Cet ancien siège, d'une importante formation économique et politique médiévale, fut bâti par le peuple "autochtone" shona, au cours d'une période se situant entre 400 avant notre ère et le XVe siècle. Zimbabwe (Dzimba dza mabwe) signifie "Grandes demeures de pierre" en langue shona, ou "Tombeaux de chefs" par extension. Des découvertes, relativement récentes, nous apprennent que le Grand Zimbabwe connut son essor entre les IXe et XVe siècles. Ses structures sont, avec celles de l'Égypte et de la Nubie, les plus imposantes découvertes architecturales en Afrique. »[161]

Pour l'historien et anthropologue belge Jan Vansina[162], il y aurait eu donc une première phase de migration, depuis la zone d'origine des *grassfields*[163], vers le Nord-Ouest de l'actuelle région d'implantation bantoue. Ce mouvement aurait été accompagné d'une deuxième phase vers le Sud et l'Est, probablement à partir du Katanga en République Démocratique du Congo.

1.1 – La glottochronologie sur le déplacement

De 3000 av. J.-C. jusqu'à environ 1500 av. J.-C., ce fut le temps que dura la période migratoire la plus éloignée de l'histoire bantoue : c'est-à-dire la moins bien connue. Aucune preuve directe de la migration, ni la datation de

---

[161] In *Les Bantous : entre dispersion, unité et résistance*, Tidiane N'Diaye, *Africulture*, article n° 10920, 10 janvier 2017.

[162] In *Le phénomène bantou et les savants*, Jan Vansina, *Revue française d'histoire d'outre-mer*, vol. 65, n° 241, 1978, p. 543-551.

[163] In *Le peuplement des grassfields : recherche archéologique dans l'ouest du Cameroun*, Philippe Lavacher, *Afrika Focus*, vol. 14, n° 1, 1998, pp. 17-36 (pp. 32-33).

l'expansion de la famille des langues bantoues qui s'était notamment fondue sur la glottochronologie[164], n'existait.

> « La dispersion des langues bantoues à partir de cette région [les *grassfields*] aurait commencé il y a au moins cinq millénaires. [...] Des recherches archéologiques dans la région des *grassfields* indiquent, à partir de 5 000 à 4 000 ans avant notre ère, l'introduction progressive de nouvelles technologies, comme les outils microlithiques et la poterie. Il semble que ce phénomène soit dû à des communautés migrantes venues du Nord sans doute à cause de la détérioration climatique qui s'était produite au Sahel à cette même époque. »[165]

Selon les archéologues Dominique Schwartz[166] et Augustin Holl[167], les déplacements de population vers le Sud du continent africain auraient été facilités, au cours de cette période, par la régression de la forêt équatoriale. Ce phénomène naturel aurait ainsi permis une traversée beaucoup plus aisée.

> « La question du chemin migratoire emprunté par ces peuples demeurait cependant en suspens : alors qu'une première théorie, dite du "Early split" – séparation précoce – affirmait que les Bantous s'étaient scindés dès le départ, en [ayant quitté] leur berceau originel, en deux mouvements, vers l'Est et le Sud, l'hypothèse du "Late split" – séparation tardive – suggérait, elle, que ces peuples avaient d'abord traversé la forêt équatoriale – le Gabon actuel –, avant de se diviser selon deux flux migratoires, l'un vers le Sud, et l'autre vers l'Afrique de l'Est. »[168]

---

[164] In *Changements climatiques holocènes en Afrique centrale : Relations avec le peuplement humain : Quoi de neuf ?*, Dominique Schwartz et groupe ECOFIT, dans *Peuplements anciens et actuels des forêts tropicales*, Alain Froment (dir.) et Jean Guffroy (dir.), Montpellier, IRD Éditions, 2003.

[165] In *Tradition et rupture dans les grammaires comparées de différentes familles de langues*, Peeters, coll. Mémoires de la société de linguistique de Paris/Nouvelle série (n° XV), 2007, p. 77.

[166] In *Assèchement climatique vers 3 000 B.P. et expansion Bantu en Afrique centrale atlantique : quelques réflexions*, dans *Bulletin de la société géologique de France*, vol. 163, n° 3, 1992 p. 354.

[167] In *L'expansion bantoue : nouvelles synthèses*, Augustin Holl, vidéo de 26 min 44 s, *Colloque Archéologie des migrations* qui s'est tenu les 12 et 13 novembre 2015 au Musée national de l'histoire de l'immigration, INRAP, 4 mars 2016, 7 min 36 s – 8 min 26 s.

[168] In *Histoire migratoire des peuples Bantous : comment la génomique rend hommage au métissage et éclaire le récit de l'esclavage, op. cit.*

La classification des langues bantoues, selon Malcolm Guthrie, s'est effectivement appuyée sur la définition des limites géographiques, au sens étroit, du domaine concerné entre l'Ouest et l'Est du continent africain. Malgré la réticence de quelques auteurs, cette divergence[169] a constitué une étape décisive dans la compréhension de l'histoire de ces langues. Cependant, selon Patrick Mouguiama-Daouda, si Guthrie voyait une nette opposition entre l'Est et l'Ouest et, dans chacune de ces unités, une sous-région (Nord-Ouest, Centre-Ouest, Sud-Ouest, etc.), certains auteurs ont considéré le Nord et l'Ouest comme des régions distinctes. C'était le cas du linguiste allemand Bernd Heine, pour qui les langues du Centre auraient correspondu à l'aire des Bantous de l'Est dont l'organisation serait par ailleurs non identique, au niveau des embranchements, dans la mesure où les langues de l'Est proviendraient d'un nœud issu de celles de l'Ouest.

1.2 – Le début de l'expansion

Certains chercheurs ont situé l'expansion des locuteurs bantouphones de 1500 av. J.-C. jusqu'à 500 ap. J.-C., à partir de l'Afrique de l'Ouest. Celle-ci aurait débuté aux alentours de 1500 à 1000 av. J.-C. Ces agriculteurs auraient travaillé le fer, alors que, d'après Jan Vansina[170], l'archéologie a spécifié qu'ils ne l'avaient pas utilisé avant 400 ap. J.-C. La branche occidentale longea, vers le Sud, la côte atlantique et les affluents du fleuve Congo, pour atteindre vers 500 av. J.-C., le centre de l'actuel Angola habité à l'époque par des ascendants directs des Pygmées. Toutefois, de nombreuses femmes[171] ayant fait partie des migrations, les recherches sur le génome ont laissé apparaître que seul l'haplogroupe[172] originaire d'Afrique de l'Ouest reste aujourd'hui présent dans la

---

[169] Le bantou de l'Ouest est parlé sur le territoire comprenant le Cameroun, le Gabon, la République du Congo, la moitié occidentale de la République Démocratique du Congo, l'Angola et une partie de la Zambie. Les langues parlées dans la moitié orientale de la République Démocratique du Congo et dans tous les pays de l'Afrique de l'Est, ainsi qu'australe, constituent le bantou de l'Est.

[170] In *Paths in the Rainforest*, Jan Vansina, Madison, 1990.

[171] Le manque d'haplogroupe L0, marqueur des populations pré-bantoues, indique un remplacement massif de population – l'ADN mitochondrial se transmettant uniquement par la mère. C'est l'une des deux branches du plus récent ancêtre matrilinéaire commun (MRCA) : à savoir l'Ève mitochondriale, du nom attribué à une femme hypothétique considérée comme la plus récente ancêtre commune par lignée maternelle de l'Humanité.

province angolaise de Cabinda tandis qu'un brassage plus complexe avait eu lieu en Afrique du Sud[173].

Par le biais d'une vaste analyse génomique, des scientifiques de l'Institut Pasteur, du Centre national de recherche scientifique (CNRS)[174] et de l'IRD, associés à un large consortium international[175], ont pu retracer le chemin migratoire de ces populations, lequel était jusqu'alors soumis à controverse. Cette observation a concerné plus de 2 000 échantillons d'individus concernés par 57 populations de toute l'Afrique subsaharienne.

> « Leur étude révèle en outre que le métissage, né des rencontres successives avec les populations locales, a permis aux Bantous d'acquérir des mutations génétiques ayant favorisé leur adaptation à leurs nouveaux environnements. En [ayant analysé] le génome de plus de 5 000 Afro-Américains d'aujourd'hui, les chercheurs ont enfin pu retracer l'origine génétique des populations africaines déportées en tant qu'esclaves, et confirmer le Golfe du Bénin et l'Afrique centrale de l'Ouest comme principaux ports de traites négrières vers l'Amérique du Nord. »[176]

Dans la partie orientale du continent africain, les communautés bantouphones atteignirent la grande forêt équatoriale. Vers 500 av. J.-C., les premiers groupes pionniers émergèrent dans les savanes du Sud dans les territoires qui deviendraient distinctement la République Démocratique du Congo, l'Angola et la Zambie. Un autre flux de migration vers l'Est, en 1000 av. J.-C., se stabilisa dans un nouveau centre de peuplement dans la région des Grands Lacs.

[172] Un grand groupe d'haplotypes, qui caractérisent des séries d'allèles (abréviation d'allélomorphe) situés à des sites spécifiques dans un chromosome. Ils sont définis à l'aide des mutations par polymorphisme nucléotidique singulier.

[173] In *The Genetic Legacy of Western Bantu Migrations*, Sandra Beleza, Leonor Gusmao, Antonio Amorim, Angel Caracedo et Antonio Salas, *Human Genetics*, vol. 117, n° 4, août 2005, p. 366-375.

[174] Précisément l'unité de Génétique évolutive humaine, Institut Pasteur/CNRS.

[175] Ainsi que plusieurs institutions africaines, européennes et américaines : l'université Omar Bongo du Gabon, CERPAGE/IRCB du Bénin, le Muséum national d'histoire naturelle de Paris, l'Université Paris-Descartes, l'université Paris-Diderot, l'université Toulouse III-Paul Sabatier, l'université Lumière-Lyon 2, *University of Reading, Universidade do Porto, University of Missouri, Pennsylvania State University, Stanford University* et l'université de Montréal.

[176] In *Histoire migratoire des peuples Bantous : comment la génomique rend hommage au métissage et éclaire le récit de l'esclavage, op. cit.*

Une partie de cette colonie s'établirait finalement, vers 300 ap. J.-C., le long de la côte dans la province du KwaZulu-Natal en Afrique du Sud. D'après Kevin Shillington[177] et Christopher Ehret[178], ils s'installeraient, aux alentours de 500 ap. J.-C., dans la province du Limpopo.

1.3 - Les clans

L'ensemble de clans, lesquels regroupent tous les lignages, constitue une vaste chefferie tribale, un royaume ethnique autour du noyau originel. Celui-ci est issu directement, à travers plusieurs générations, des ancêtres-fondateurs. La reconnaissance communautaire tire donc sa légitimité, ou alors sa cohésion, du sang ancestral.

Les clans sont tous totémiques. Ils sont subdivisés en sous-clans, en groupes patrilocaux ou matrilocaux, en tant qu'assises du village placé sous l'autorité de l'Aîné en sa qualité de protecteur des maisonnées des membres d'une même famille. Le système clanique, lequel rassemble plusieurs clans et les intègre aux tribus, reste le ciment même de toute structure tribale dont les unités fondamentales sont constituées et dirigées par des groupes de filiation.

Cette conception clanique, qui incarne une institution politique comme la chefferie et la royauté, s'articule dans la plus grande majorité par l'intermédiaire des femmes. Dans une telle configuration, il existe de différentes déclinaisons : de larges États avec un gouvernement central (Kongo, Téké, Lunda, Buganda, Monomotapa…) ; de petits États, organisés en communautés des villages, sous la direction des chefs, sous la forme des chefferies (pays Sukuma, pays Mbochi…) ; des clans et des tribus sans chefs, mais non anarchiques, qui sont placés sous la direction des Conseils – classes d'âge et Aînés[179], comme chez les Kikuyu du Kenya.

Au sein des clans ou des tribus, les chefs ne sont pas forcément désignés, ni les rois investis ou couronnés. Ces structures sont plutôt diri-

---

[177] In *History of Africa*, Kevin Shillington, Palgrave Macmillan, 2005.

[178] In *An African Classical Age : Eastern & Southern Africa in World History 1000B.C. to A.D.400*, Christopher Ehret, Charlottesville, University of Virginia Press, 1998.

[179] C'est-à-dire des individus pouvant diriger, compte tenu de leur expérience des choses de la vie et non de leur âge biologique.

gées, elles aussi, par des conseils – classes d'âge et « Aînés ». Cela était dû au fait que, à l'origine, les peuples bantous étaient sociologiquement dépourvus de chefferie. Leur organisation s'était surtout reposée sur le clan doté d'un conseil des « Aînés » qui régentait les affaires des villages. Cela avait abouti aux structures gouvernementales en passant du clan au royaume, du village aux groupements territoriaux des clans, de la chefferie à la royauté ou à l'empire.

Les mythes servent dans un tel contexte à définir les caractéristiques et valeurs claniques, dont la cohésion repose sur le respect des symboles totémiques, des cérémonies et des rituels. En République Démocratique du Congo, dans le cadre des droits coutumiers, la loi définit la « communauté locale » comme :

> « une population traditionnellement organisée sur la base de la coutume et unie par des liens de solidarité clanique ou parentale, qui fondent sa cohésion interne. Elle est caractérisée, en outre, par son attachement à un terroir déterminé ».

Du point de vue foncier, l'occupation des terres chez les Bantous relève du droit coutumier. L'implantation et la mise en valeur d'un terrain non occupé, à l'origine, constituent la preuve de la transmission par succession d'un membre de la famille à ses descendants. Cela attribue *de facto* des droits coutumiers et fonciers sur les terres concernées, c'est-à-dire des droits consacrés par l'usage. Aucun titre n'avait été exigé avant les décolonisations, car de nombreux clans bantous, ou familles, avaient acquis automatiquement la propriété foncière. Ainsi revient-il, désormais, au chef du clan ou chef coutumier, ou au chef de famille, d'attribuer des terrains à ses congénères, d'assurer leur répartition et de régler les conflits liés à leur occupation et à leur entretien.

Chez les Bantandu et les Balemfu, des tribus des secteurs de Ngufu et de Luila dans les territoires de Madimba et de Kasangulu dans le district de la Lukaya dans le Bas-Congo, ou Kongo central, les membres des clans se reconnaissent par rapport à la terre (ntotu). Bien de toute la communauté, elle représente à la fois le fondement et la présence communautaire. La terre, en tant que territoire, symbolise, au même titre que la femme, la véritable matrice dans les cultures « ntandu » et

« lemfu ». Sacrée et inaliénable, elle spécifie l'origine du clan et le lieu de l'existence familiale, le lieu de la dignité par le travail et de l'enracinement par l'habitat. Un clan sans terre est réduit à la servitude, du fait de travailler sur l'espace d'autrui. La terre étant un bien de tout membre du clan, ce dernier doit respecter le code, le tabou ou l'interdit (bi kandu) établi afin d'éviter toute spoliation. Néanmoins, l'État congolais reste le propriétaire exclusif sur le plan foncier. Les clans ne sont que des usufruitiers. Si cette nue-propriété de l'État a réellement d'effets en territoires urbains, cela n'est pas forcément le cas dans les milieux ruraux où les chefs de clans jouissent encore des dispositifs propres à la coutume.

1.4 - Les tribus et les ethnies

La tribu est un groupe humain qui rassemble, sur un territoire donné, plusieurs familles sous l'autorité d'un même chef. Elle est composée de clans. On dénombre au moins 3 000 tribus en Afrique. Des changements majeurs, principalement d'ordre politique, qu'a connus le continent africain au fil du temps, ont contribué à la disparition de certaines tribus alors que d'autres se sont mélangées, ou scindées. Au nombre de ces tribus figurent les San, les Zoulous, les Thembu, les Batswana, les Khoï, les Bakalanga, les Massaïs, les Himba, les Hadzabe, les Swazis, les Balemfu, les Bantandu, les Bayaka, les Bayombe, les Bandibu, les Nande, les Kondjo, les Lemba…
Quant à l'ethnie, elle renvoie à un groupement humain homogène par rapport à la culture, à la langue, au secteur, au territoire, au district… Parmi ces tribus, on peut citer les Babuye, les Babwa, les Badjabi, les Bafia, les Bafuliru, les Bambala, les Banen, les Banyarwanda, les Bassa, les Bakongo, les Batéké, les Bembe, les Béti, les Damara, les Douala, les Dogons, les Étons, les Fang, les Hemba, les Héréros, les Himba, les Hunde, les Hutus, les Kamba, les Kavango, les Kikuyu, les Kuba, les Kusu, les Lega, les Makua, les Mbole, les Mbundu, les Tshokwe, les Yeke, les Yanzi…
En Afrique du Sud, où les Noirs d'origine bantoue représentent au moins 75 % des citoyens, les Blancs, qui gouvernaient jusqu'en 1994, année de l'élection de Nelson Mandela à la présidence de la Répu-

blique et du tout premier gouvernement de l'*African National Congress* (ANC), ont voulu nier la configuration ethnique d'origine. Ils se sont donc efforcés à définir des ethnies et sous-ethnies dans le but de diviser la population noire – l'objectif ayant consisté à mieux la dominer. Finalement, on a segmenté la population bantoue en plusieurs groupes afin d'imposer les catégories juridiques de l'apartheid:
– le groupe des Nguni (plus de la moitié des Noirs): Zoulou, Xhosa, Swazi, Ndébélé;
– le groupe des Sothos (un tiers des Noirs): Tswana, Sotho du Nord et Sotho du Sud (une division en trois sous-groupes contestée par beaucoup d'anthropologues);
– les Tsongas, appelées aussi Shangaans;
– les Venda, petit groupe isolé à la frontière du Zimbabwe.

On a sans conteste hérité, à la suite de ces créations purement politiques ne reflétant en aucun cas la réalité, des groupes ethnolinguistiques un peu artificiels. De plus, au moins deux tiers du vocabulaire sont communs aux 9 langues officielles nationales en usage en République sud-africaine.

1.5 - Des chefferies aux États

Selon l'*Encyclopædia Universalis*, on ne peut parler de « chefferies » africaines sans toutefois admettre deux données fondamentales: d'une part, cette expression recouvre des réalités sociopolitiques extrêmement diversifiées, et, d'autre part, les formes du pouvoir politique qu'elles caractérisent sont rarement figées. Bien au contraire, elles subissent des contraintes historiques, démographiques ou simplement écologiques qui font d'elles un centre privilégié du dynamisme social. Selon une autre source encyclopédique,

> « si elle est devenue tout à fait commune, cette expression a pour origine une attitude coloniale qui envisageait l'"autre" dans le halo de l'exotisme et qui visait à bâtir l'administration des territoires et des hommes. La formule britannique *indirect rule* (gouvernement indirect) exprime bien le souci qu'avaient les colonisateurs de comprendre les institutions politiques africaines traditionnelles (par opposition à celles du monde européen) et de les utiliser, aussi diversifiées fussent-elles, de manière à met-

tre en place des formes de relais du pouvoir adaptées à chaque situation particulière. Les États africains, en [ayant accédé] à l'indépendance, ont perpétué cette approche du fait politique traditionnel et son traitement administratif. Aussi convient-il de distinguer, dans la situation actuelle, les chefferies créées et mises en place depuis la colonisation de celles qui conservent une authenticité africaine, quand bien même elles n'ont pu se soustraire aux pressions politiques contemporaines. »

Le système de chefferie traditionnelle était le plus répandu chez les anciens Bantous. Ils avaient d'ailleurs permis à l'ordre colonial de s'imposer par le truchement de la « Justice Indigène » ou « coutumière ». D'aucuns se rappellent aisément de l'*ujamaa*, la base du socialisme africain qui a été impulsé en Tanzanie par le *mwalimu* Julius Kambarage Nyerere. Ce concept politique se reposait sur l'esprit communautaire, solidaire, démocratique de la société africaine traditionnelle au sein de laquelle tout le monde travaillait et vivait de son propre labeur.

Coupées les unes des autres, les chefferies fonctionnaient de manière indépendante. En effet, les *Ntemi*[180] ne s'étendaient qu'à un groupe de villages. Il en est de même pour l'institution *Okani* en Afrique centrale, une chefferie traditionnelle dans les groupes et sous-groupes Koyo, Akwa, Ngaré, Mboko et les sous-groupes Mbonzi, Obaa, Tsambitso, Okouélé, Ngaë et Mbosi.

> « Bien que système d'individualisation de pouvoir, son origine […] remonte à l'époque de la diaspora de Ndinga et Kiba, légendaires ancêtres Mbosi.
>
> » C'est un espace géopolitique sur lequel un chef investi, couronné, appelé Kani ou Mwene, exerce tous les pouvoirs politiques : administratifs, législatifs, judiciaires, mystico-religieux dans son village ou dans sa zone d'influence.
>
> » Comme on peut le retenir, dans les contrées où ce système est en vigueur, la chefferie concentre dans les mains d'un seul chef les exorbitants pouvoirs d'Otwere et ceux de l'administration des hommes et des biens d'un clan ou d'une série de clans. »[181]

---

[180] *Ntemi* dérive du verbe *ku-tema* en langue sukuma d'Afrique australe, qui signifie littéralement « couper court » une discussion. Par extension, *ntemi* renvoie à l'autonomie administrative de chaque chefferie.

[181] In *Pouvoirs traditionnels et société Mbos*i, Joseph Itoua, Publibook, 2011, P. 45.

Tout en étant politiquement indépendantes les unes des autres, les chefferies restent néanmoins liées par les liens de parenté. En effet, ses différents groupes ont toujours eu une origine commune en tant que clans, lignages et familles. Pour Olivier Bain,

> « il n'y [avait] donc pas d'autorité centrale avec un appareil administratif et judiciaire hautement structuré, comme dans la royauté. Les chefs [étaient] souvent considérés comme des êtres puissants, aux pouvoirs magiques réels. Le rôle du chef [concernait] la direction des cérémonies religieuses, l'arbitrage des palabres, la conduite de la guerre, l'organisation du commerce. »

C'était le cas chez les Sotho et les Nguni – englobant les Zoulous, Ndébélé, Xhosa… – au sein desquels chaque chef était assisté dans ses fonctions par un Conseil restreint, pour les tâches quotidiennes de gestion matérielle et culturelle, ainsi qu'un Conseil plus large, ou Assemblée, pour des affaires relatives à la nation dans sa totalité. Symbole de l'unité nationale, ses prérogatives concernaient les secteurs religieux, judiciaires, administratifs et militaires.

La chefferie traditionnelle a en fin de compte été transformée en simple organe d'application de la politique coloniale, selon un schéma classique pour l'ensemble de l'histoire coloniale africaine. En Tanzanie du Nord, en complète indépendance du pouvoir colonial britannique, les Rwa – des agriculteurs bantous connus sous le nom de Meru (n'ayant aucun lien de parenté avec les Meru du Mont Kenya) et établis sur les flancs Sud-Est du Mont Meru, face au Kilimanjaro – ont par conséquent décidé de révolutionner l'ancien système. Ils ont effectivement pris l'initiative de créer, pour eux-mêmes, les institutions politiques modernes. En 1951, ils se sont dotés d'une organisation politique nouvelle, articulée autour de trois pôles : un chef (*Nshili nnini* ou « grand chef »), un conseil (*kamati* – de l'anglais *committee*) et une « constitution » sur le mode du droit coutumier.

Dans les chefferies Bemba ou Songo, les structures gouvernementales étaient hiérarchisées et centralisées. Ce système prévalait dans l'organisation de la royauté qui, d'ailleurs, incarnait une vaste chefferie. La royauté intégrait dans un même ensemble politique les lignages, les clans, toutes les terres cheffales. Ce genre d'administration s'appliquait aussi à la tribu qui représentait la somme de plusieurs chefferies indépendantes les unes des autres, avec leurs terres propres au sein du territoire tribal ou national. Deux formes de gouvernement distinctes, quant à leur nature et non par essence, la chefferie correspondait à un petit État, tandis que le royaume incarnait un État beaucoup plus large. Ainsi le territoire des Bemba, qui étaient politiquement organisés au sein d'une myriade d'entités cheffales, faisait partie intégrante du Royaume du Kongo dans les temps précoloniaux.

Dans le plateau bamiléké au Cameroun, les populations y étaient structurées en une centaine de chefferies. Équivalant à une sorte de petit État-nation, la chefferie d'un territoire a toujours été dirigée par le chef, ou « fo », considéré comme un personnage sacré. Quant au Royaume Kuba, il se reposait sur une confédération de chefferies au sein desquelles chaque chef, entouré d'un triple conseil chargé de régler les questions courantes et importantes, de nommer les chefs des rangs inférieurs. Le roi, qui gardait son trône de son vivant, disposait du droit de guerre. Les membres de ce conseil l'étaient à vie, tandis que les chefs subalternes, élus par les conseillers dans les clans princiers, étaient destituables. À sa mort, la transmission revenait automatiquement à ses frères cadets ou, à défaut, au fils de sa sœur utérine. La Reine-Mère était le second personnage du royaume. Le roi validait les élections des chefs, arbitrait les conflits entre les différents chefs et protégeait les chefferies victimes d'une attaque extérieure.

Comme chez les Kuba, le Royaume Luba, lequel avait été créé par le roi Kongolo au début du XVIIe siècle, était l'émanation du Royaume Orua – une confédération de chefferies Songyé localisée dans une zone allant du Nord du lac Upemba jusqu'au lac Tanganyika, entre les hautes vallées du Lomani et du Lualaba. À la fin du XVIIIe siècle, le grand monarque conquérant Kumwimba Ngombe avait atteint le lac Tanganyika et les chefs, qu'il avait soumis, avaient reçu des fiefs en cadeaux. Au moment du déclin de ce royaume, leur langue véhiculaire, le kiluba, s'était implantée dans la région de la Zambie actuelle.

Du XIIIe au XVIIe siècle, des chefferies bantoues s'étaient transformées en États bantouphones relativement puissants. Ceux-ci avaient émergé dans la région des Grands Lacs, dans les savanes au Sud de l'immense forêt tropicale et sur les rives du Zambèze. Leur territoire étant naturellement pris en étau avec le fleuve Limpopo, les rois du Monomotapa avaient érigé le Grand

Zimbabwe[182]. Au XVIe siècle, le processus de formation d'État avait été encouragé par la densification de la population qui avait abouti à une division du travail dans divers secteurs, y compris dans le domaine militaire. À ces facteurs, s'étaient ajoutés le développement du commerce entre Africains et Européens, ainsi qu'avec les marchands arabes de la côte orientale, et la ritualisation du pouvoir royal considéré comme source de la puissance et de la solidité des nations[183].

1.6 - Les organisations politiques

La période qui commença aux débuts de l'ère chrétienne, à partir de 500 ap. J.-C., et s'acheva au XIIIe siècle, fut celle de la consolidation et de la diversification des organisations politiques issues de la migration bantoue. Une différenciation linguistique s'affirma, en même temps qu'une spécialisation agricole. Samwiri Lwanga-Lunyiigo et Jan Vansina ont fait allusion au développement pendant cette période des bananeraies dans la région située autour du lac Victoria, de la culture des céréales et de l'implantation du pastoralisme dans les zones de savane[184].

> « Sur la côte orientale, entre la baie de Lourenço-Marques et celle de Sofala, régnait le fameux Monomotapa, dont le titre signifierait, d'après [le capitaine René] Avelot, "seigneur des hippopotames" et dont l'État, fondé dès avant le Xe siècle, comprenait comme populations suzeraines les Matébélé et les Makalaka et comme populations vassales les Matonga et les Machona. Les Ouazimba, peuplade [...] guerrière qui habitait à l'Ouest de Sofala, faisaient de fréquentes incursions dans ce royaume.
> » Tout le reste de la côte orientale [...] était plus ou moins sous la dépendance des sultanats fondés par des Arabes de Mascate et des Persans de Chiraz et de

---

[182] In *A green place, a good place. Agrarian change, gender and social identity in the Great Lakes region to the 15th century*, David Lee Schoenbrun, Portsmouth (NH), Heinemann, 1998, p. 301, dans *L'histoire rurale de la région des Grands Lacs*, dans *Afrique & histoire*, vol. 2, n° 1, 2004, p. 311-353 (p. 235).

[183] In. *La fondation de l'empire du Monomotapa*, William Graham Lister Randles, *Cahiers d'études africaines*, vol. 14, n° 54, 1974, p. 211-236.

[184] In *Les peuples bantouphones et leur expansion*, Samwiri Lwanga-Lunyiigo et Jan Vansina, chap. 6, dans *Histoire générale de l'Afrique*, Mohammed El Fasi (dir.) et Ivan Hrbek (codir.), vol. 3, *L'Afrique du VIIe au XIe siècle*, Unesco, 1990, p. 172 et sq. Lire aussi *Le phénomène bantou et les savants*, op. cit.

Bouchir, avec le concours commercial d'Hindous de Bombay et du Malabar. L'ensemble des tribus noires répandues le long de la côte orientale était connu des Portugais sous le nom de *Makoua* et des Arabes sous celui de *Zendj*, ces deux mots étant à peu près synonymes d'esclaves dans la bouche de ceux qui les employaient. Du second fut formé le [mot] *Zendj-bar* "pays des esclaves", dont nous avons fait Zanguebar et Zanzibar[185]. »[186]

La civilisation européenne, introduite en Afrique par les colons portugais, hollandais, anglais, allemands, belges et français, ainsi que par la religion chrétienne enseignée par les missionnaires catholiques et protestants, et salutistes dans une moindre mesure, avait beaucoup influencé les populations bantoues. Elles avaient forcément orientant les différentes configurations politiques. Cela avait été possible, surtout,

« grâce au grand nombre d'Européens établis à demeure [en] Afrique du Sud ; et à l'extension progressive que les Boers et autres "Afrikanders" [avaient] donnée à leurs mouvements de migration ; vers l'intérieur des terres, la civilisation primitive des Zoulous, des Bassouto, des Betchouana, des Matébélé, des Hottentots [s'était] parfois modifiée assez profondément, en même temps que se formaient de véritables populations de métis dans les colonies portugaises et hollandaises. Certains royaumes indigènes [avaient] été fortement secoués par des querelles confessionnelles, par suite des rivalités entre néophytes catholiques et néophytes protestants ; ainsi, sous le règne de [Mtésa], qui était catholique, l'Ouganda fut ensanglanté par une guerre de religion qui se [poursuivit] sous Mouanga, successeur de [Mtésa], et ne prit fin qu'en 1892 avec la conversion de Mouanga au protestantisme.
» Ce [furent] là choses nouvelles, assurément, chez les Noirs de l'Afrique, et l'on peut dire que, dans une certaine mesure, l'européanisation d'une partie importante de l'Afrique méridionale et le développement qui y [avait] été donné à la christianisation, [avaient] amené des résultats, non identiques certainement, mais comparables à ceux [ayant été] produits par l'islamisation d'une partie du Soudan occidental et central. »[187]

---

[185] Les Arabes donnaient de préférence le nom de *zendj* aux populations noires avec lesquelles ils étaient en relations – de qui ils tiraient leurs esclaves – et celui de *kafir* (païen) – que l'on a transformé en « cafre » – à celles qui vivaient en dehors de leur zone. S'agissant de la dénomination de *makoua*, elle s'appliquait proprement à une tribu du Mozambique.
[186] In *Les Noirs de l'Afrique, op. cit.*, pp. 107-109.
[187] *Ibidem*, p. 110.

Parmi les États qui, depuis des lustres, sont confrontés à moult crises et exposés à des menaces de déstabilisation, voire de démembrement, figurent les sociétés forestières. Celles-ci ont très fortement subi l'influence européenne.

1.7 - L'émergence des États bantous

Du XIIIe au XVe siècle s'étaient constitués dans la partie occidentale de l'Afrique centrale, autour de l'équateur, le Royaume du Kongo et des royaumes apparentés ou vassaux – à cheval sur les territoires actuels de l'Angola, des deux Congo – Kinshasa et Brazzaville –, du Gabon. Au centre du territoire qui appartiendrait au Congo-Kinshasa, avaient émergé les Royaumes Luba et Lunda.

« Selon la tradition, le Royaume du Kongo aurait été fondé par un grand guerrier, Nimi a Lukeni, époux de Nzinga, la mère du royaume[188].
» À un moment donné, il y avait "Nkaka ya kisina"[189], grand-mère. Cette femme s'appelait "Nzinga". C'[était] elle qui déterminait l'origine de l'ensemble des familles Kongo, et, par conséquent, l'ensemble de tous les lignages de la grande famille du Kongo. Son père était "Nzinga a Nkuwu". Mais celui-ci ne pouvait pas être le vrai fondateur, selon la tradition [matrilinéaire]. En réalité "Nkuwu", même s'il était le principal artisan du projet fondateur, devait s'aligner sur sa famille maternelle et réclamer le droit fondateur. C'est sûrement ce qu'[avait] fait sa fille "Nzinga" en s'[étant alignée] probablement sur sa famille maternelle pour bâtir le royaume, sans laquelle rien n'aurait été possible. En [ayant maintenu] le nom de son père "Nkuwu", elle gardait en même temps l'admiration possible de la famille de son père. Car "Nzinga Nkuwu" est, tout simplement, la fille de "Nkuwu", un enfant aussi pour tous les membres de la famille paternelle.
» [Raphaël] Batsikama [affirma] : "Fille de Nkuwu, Ñzinga, fut mariée à Nimi et eut trois enfants, deux garçons : Vit'a Nimi et Mpanzu a Nimi, et une fille : Lukeni lwa Nimi. Ces trois enfants sont la base de la société

---

[188] C'est dans ce sens qu'on trouve une relation avec les écrits de Thierry Goguel d'Allondans et Valérie Beguet dans l'ouvrage intitulé *Traditions Orales du Congo-Brazzaville*, Téraèdre, Clamart, 2012, p. 6.
[189] L'expression « nkaka » est commune à toutes les grands-mères, même aujourd'hui. La différence vient, toutefois, de l'expression « ya kisina » qu'on peut traduire comme propriétaire du lignage, celui qui garde en soi les secrets du nom. De plus, « kisina » renvoie directement à l'origine d'une appellation donnée.

congolaise : [Makuku] matatu malambilu' e Kongo"[190].
» Il est fort possible que Nimi a Lukeni "usurpa" l'autorité dans le clan Nzinga. Ou, au moins, devait avoir la bénédiction de sa femme. Il s'imposa alors aux autres clans par la violence, et installa sa résidence sur une colline élevée qui s'appela dès lors "Mbanza Kongo"[191], cité ou ville de Kongo. L'ensemble des terres environnantes fut dénommé "Nsi a Kongo", pays de Kongo[192] [avec comme] capitale, "Kongo dia Ntotila", Kongo du Chef, "Kongo dia Wene", Kongo de l'autorité ; après l'arrivée des missionnaires, elle fut appelée aussi "Kongo dia Ngunga", la ville aux clochers, [...] allusion au grand nombre d'Églises [ayant existé] dans la ville de Mbanza Kongo ; en effet, on en comptait plus de dix, dans la seule capitale[193]. »[194]

Selon Marianne et Robert Cornevin, les migrations bantoues primitives s'étaient confondues avec le développement de la métallurgie en Afrique au Sud de l'équateur, ou alors avec l'Âge des métaux[195].

Pour ce qui est des Bantous, indépendamment de la parenté linguistique et de l'identité originelle, il existe un fond de croyances, de rites et coutumes similaires. Cette culture contient des caractéristiques spécifiques et identiques qui les assemblent et les rapprochent. Ce socle commun, selon l'ethnologue et archéologue allemand Leo Frobenius, constituerait une civilisation unique, dans la mesure où,

« au fond, la vie des peuples de l'Afrique, depuis des milliers d'années, [ressemblait] à la surface de la mer avec ses courants, ses tourbillons, ses marées soudaines. Cependant, malgré ces changements, elle [formait] toujours une unité, dont les divers éléments [étaient] toujours en rapport direct ou indirect »[196].

---

[190] In *L'Ancien Royaume du Kongo et les Bakongo*, Raphaël Batsikama, L'Harmattan, Paris, 1999, p. 180.

[191] In *Descrição Histórica dos três Reinos do Congo, Matamba e Angola*, João António Cavazzi de Montecuccolo, vol. I, *Junta de Investigações do Ultramar*, Lisboa, 1965, p. 231.

[192] In *L'art Ancien du Métal au Bas-Congo, op. cit.*, p. 10. Consulter aussi *Maza*, Eduardo dos Santos, Lisboa, Edição do autor, 1965, pp. 54-57.

[193] In *L'Ancien Royaume du Kongo et les Bakongo, op. cit.*, pp. 36-38.

[194] In *Le corps résistant du langage culturel Bantu : vers une compréhension des pratiques culturelles marginalisées de la société angolaise : le cas du mariage traditionnel Kongo, op. cit.*, pp. 36-37.

[195] In *Histoire de l'Afrique des origines à nos jours, op. cit.*, p. 105.

[196] In *La Civilisation Africaine*, Leo Frobenius, Le Rocher, Monaco, 1987, p. 177.

D'après Cheik Anta Diop, au-delà des particularismes ethnographiques prenant en compte toute connaissance négro-africaine, il est également question d'une unité communautaire. De plus, les différentes régions, ou cycles culturels, n'étaient que des aspects ou des perspectives différentes d'une seule et même façon de vivre et de concevoir une société.

Depuis l'Ouest de l'Afrique centrale, les agriculteurs bantous s'étaient orientés vers la région des Grands Lacs, du lac Victoria au fleuve Limpopo. À la suite de ce mouvement, étaient apparus les royaumes Kitwara et du Rwanda et, plus au Sud, celui du Monomotapa.

Vers le XVe siècle, les Bantous avaient commencé à descendre au Sud du fleuve Limpopo, et repoussé plus loin encore les Hottentots et les Bochimans. Du XVIIIe au XIXe siècle, on avait assisté à l'émergence de l'empire zoulou, ce royaume du peuple du ciel, alors que le Grand Zimbabwe était devenu la capitale d'un vaste empire marchand. Dans une grande partie de l'Afrique australe, deux groupes principaux s'étaient formés au sein des locuteurs bantouphones : les Nguni – composés de Xhosa (dans le Sud), de Zoulous (dans le Nord et le Centre), de Swazi qui occupaient les plaines côtières de l'Est –, et les Sotho-Tswana qui s'étaient établis sur le plateau intérieur.

À la fin du XVIIIe siècle et au début du XIXe, les Trekboers avaient colonisé des nouvelles zones d'Afrique australe. Ils s'étaient dirigés vers le Nord-Est, depuis la colonie du Cap. Ils étaient *de facto* entrés en contact avec les Xhosa. Dans le même temps, dans l'actuelle province du KwaZulu-Natal, Chaka Zulu était devenu en 1816 le très puissant monarque du clan du peuple du ciel. En quasiment une année, il était parvenu à s'imposer sur tous les clans avoisinants et était considéré comme le plus important allié de la fédération Mthethwa[197]. Celle-ci était en compétition directe avec le clan Ndwandwe pour la domination du Nord du KwaZulu-Natal. Chaka Zulu affronterait ensuite avec vaillance les forces colonisatrices.

Du point de vue étatique, par rapport aux arguments évoqués *supra*, le Buganda avait longtemps incarné le type même de gouvernement d'État fortement centralisé. La terre ancestrale, peuplée de tous ses clans totémiques, se confondait avec le royaume sous la protection des

---

[197] Également orthographié Mtetwa et Mtétua, le Mthetwa désigne la fédération d'une trentaine de tribus Nguni qui s'était formée au XVIIIe siècle en Afrique australe. Il avait occupé le territoire situé entre les fleuves Umfolozi et Tugela, près de la baie de Delagoa dans l'actuelle région du KwaZulu-Natal en Afrique du Sud.

Ancêtres décédés. Les rois avaient donc le totem maternel, en leur qualité de maître des destinées du Buganda. Mis à part l'accaparement du pouvoir souverain par certains clans sans qu'il y ait nécessairement usurpation, le roi était choisi dans la famille par le *katikiro*[198], sorte de régent, et par le *mugema*, ou chef de clan. Détenteur d'un vrai pouvoir, le souverain jouissait d'un grand prestige et nommait à toutes les charges. Il accordait les honneurs et les faveurs ; il récompensait ses alliés en leur attribuant des terres et des fonctions, des positions sociales. Il était, du fait de son autorité quasi absolue, le commandant suprême de l'armée. Mais la censure populaire avait bel et bien cours, tout ne lui était pas permis. D'ailleurs, à cause du mauvais souvenir qui avait été laissé par Sibutwereke, ancien roi du Buganda et despote très cruel, tous les princes concernés par le totem de l'Éléphant, comme lui, ne pouvaient plus accéder au trône.

Le roi était secondé dans ses fonctions gouvernementales par le premier des officiels : le *katikiro*. Ce dernier était assisté, dans ses tâches, par l'*omusigire*[199]. Parmi les détenteurs de l'autorité centrale, on comptait le *sabbadu* commis à la police extérieure, l'*omulanzi* qui était le chef de la justice, l'*omuwanika* en tant qu'économe, trésorier, intendant… La mère et les sœurs du roi – qui occupaient, notamment la Reine-Mère, un rang supérieur à celui du monarque –, détenaient un statut spécial. Fonctionnaires et dignitaires de la Cour étaient pourvus de charges bien précises, et les attributions héréditaires étaient surtout assumées par des clans.

S'agissant de l'administration territoriale, le royaume du Buganda était découpé en 20 provinces, 265 arrondissements et 954 cantons. L'appareil administratif fonctionnait grâce aux chefs de province et chefs de canton, aux tribunaux provinciaux… Cela facilitait la collecte des taxes, la supervision des travaux d'intérêt public, l'exercice et le fonctionnement de la Justice… Les voies de communication avaient joué un rôle considérable pour rendre effectif, opérationnel et permanent le commandement central. Rappelons que le Buganda disposait à cette époque d'un réseau routier impressionnant, lequel faisait penser au Pérou avant la conquête espagnole.

---

[198] Une sorte de gérant, assumant le rôle de Premier ministre.

[199] Le suppléant, l'intermédiaire.

D'autres royaumes avaient également été gouvernés selon le même schéma que le Buganda : l'ancien royaume centralisé Lozi au Sud-Ouest de l'actuel territoire de la Zambie sur le cours supérieur du Zambèze, le royaume Ganda, le royaume Téké...

En 1987, le professeur Graham Connah s'est exprimé, dans *Precolonial cities and States in tropical Africa : an archaeological perspective*, sur l'urbanisme qui caractérisait le Royaume du Kongo :

> « Il y avait des villes et des États en Afrique tropicale bien avant que les ambitions coloniales des Européens transforment ce continent. L'apparition de ces villes et de ces États fut l'un des développements historiques les plus significatifs de l'histoire de l'Afrique tropicale avant la période coloniale. C'est aussi un développement qui a reçu relativement peu d'attention des chercheurs dans le monde... »

À cela il faudrait ajouter, vers 1700, une structure complexe dans les relations entre le Royaume du Kongo et des Royaumes apparentés ou vassaux : Téké, Loango, Kakongo, Ngoyo et Angola-Mbundu. Des structures supralocales sur la base du pouvoir rituel et symbolique, ainsi qu'un réseau social, garantissaient l'existence d'une société égalitaire. Ce corps étatique, qui reposait sur des relations des parentés, était en réalité une royauté sacrée. La fonction rituelle, donnée importante pour la prospérité collective, avait donc été l'élément fondamental de l'articulation institutionnelle du Royaume du Kongo. Le pouvoir y était décliné sous la forme créative et non coercitive. L'autorité rituelle, sociale et charismatique, dont l'influence s'était étendue au-delà du noyau central, avait consolidé le pouvoir d'un roi qui régnait sans pour autant gouverner.

Le Royaume du Kongo était ainsi administré selon le principe des *makuku matatu*, à savoir les trois piliers. Dans cette dynastie, laquelle avait été probablement fondée vers le XIIIᵉ siècle, peut-être même dès le IXᵉ siècle ou plus tôt, il existait une réelle séparation des pouvoirs entre l'exécutif, le judiciaire et le spirituel. L'architecture territoriale du Royaume était subdivisée en six principales provinces : Mbamba, Soyo, Nsundi, Mpangu, Mbata et Mpemba. Chaque province était dirigée par un *Mani*, c'est-à-dire un chef ou gouverneur qui était dépositaire du pouvoir royal. Comme mentionné plus haut, outre ces six provinces qui avaient constitué l'ossature principale du Royaume du Kongo, d'autres territoires en étaient des vassaux.

Le Roi de Kongo, ou *Mani Kongo*, était un roi élu. Il détenait une grande autorité dénuée de tout pouvoir absolu. Il désignait les *Mani* des provinces, sauf celui de Mbata. Selon Joseph Itoua, dans *Les anciennes monarchies congolaises*, cette province située à l'Est de Mpemba et dont la capitale était Mbanza Mbata, était confiée à l'oncle de Nimi a Lukeni. Ainsi avait-elle bénéficié d'un statut spécial qui lui assurait une relative autonomie. Les gouverneurs des provinces collectaient donc au profit du roi les taxes en monnaie locale (« nzimbu », carrés de raphia), en nature (sorgho, vin de palme, fruits, viandes, ivoire), en peaux de félins (lions, léopards).

Concernant les réseaux commerciaux, les principales voies d'échanges débouchaient sur la capitale Mbanza Kongo. Elles permettaient et facilitaient l'écoulement des produits en provenance de Luanda pour les coquillages ; du littoral Atlantique et du Bas-Congo pour le sel, les poissons, les poteries, les vanneries ; des environs du Pool Malebo pour le raphia, la poterie, les biens divers ; de Matamba pour d'autres produits.

II – Les traites négrières

L'exploitation et l'installation européenne en Afrique centrale s'étaient déroulées de la fin du XVIe siècle jusqu'au milieu du XVIIIe, ayant ainsi occasionné la migration des Fang. À la fin du XVIe siècle, effectivement, les Portugais avaient exploré les estuaires du Wouri (Río dos Camaroes) et du Gabon (Río Gabao), ainsi que Fernando Po (île de Bioko). L'installation des comptoirs sur les côtes avait accéléré les échanges de marchandises, et les Benga étaient commissionnés par les Portugais pour vendre leurs produits à l'intérieur des territoires. L'accroissement en nombre du peuple Fang, arrivé en vagues successives, avait fini par créer des problèmes d'occupation des terres. La découverte de l'Amérique avait entre-temps poussé les Portugais à développer le commerce des esclaves. Enfin, l'enrichissement du Portugal, qui contrôlait les côtes gabonaises et équato-guinéennes, avait suscité la convoitise au point d'attirer Hollandais et Anglais sur les côtes camerounaises.

En 1884, les enjeux frontaliers entre les puissances européennes avaient débouché sur la convocation de la Conférence de Berlin. Également connue comme la Conférence de l'Afrique de l'Ouest, elle avait marqué l'organisation et la collaboration européenne pour le partage et la division de la totalité du continent africain dans la suite d'une conférence antérieure qui avait engagé le débat sur l'attribution de l'immense territoire comprenant aujourd'hui le Congo-Kinshasa et le Congo-Brazzaville. La Conférence de Berlin avait débuté le 15 novembre 1884, à l'initiative du chancelier Otto von Bismarck. L'Allemagne, l'Autriche-Hongrie, la Belgique, le Danemark, l'Empire ottoman, l'Espagne, la France, le Royaume-Uni, l'Italie, les Pays-Bas, le Portugal, la Russie, la Suède-Norvège, ainsi que les États-Unis, y avaient participé. Cette Conférence, qui s'était achevée le 26 février 1885, avait principalement édicté les règles officielles de colonisation. L'impact direct sur les colonies africaines s'était matérialisé par une vague européenne de signatures de traités.

Future Guinée espagnole	Futur Gabon français	Futur Cameroun allemand
– 1778 : signature du traité de Pardo et attribution à l'Espagne d'un territoire de plus de 800 000 km² qui couvrait les territoires actuels gabonais et équato-guinéens. – 1827 : occupation anglaise de Fernando Po. – 1843 : batailles entre les Anglais et les Espagnols, victoire de l'Espagne ; Premiers contacts au Río Muni (Mbini) entre les Espagnols et le Roi Benga Bonkoro 1er, la signature du traité de soumission du peuple Benga marquerait le début de la colonisation.	– 1833 : Prêt par l'Espagne de la région de Libreville à la France. – 1845 : l'implantation de la France sur ce territoire entérinée par le traité de Londres. – 1840-1850: dernière migration Fang, hostile à l'occupation étrangère. – 1850-1852: signature par la France des accords avec les chefs Benga. – 1862-1868: accentuation de l'emprise française sur le territoire actuel gabonais. – 1870 : début de la colonisation marquée *de facto* par l'occupation de la rive droite de l'estuaire, puis de la rive gauche.	– 1827-1849: exploration allemande du Nord Cameroun, et contrôle des côtes par les Anglais. – 1879 : les explorateurs allemands rejoints par les Anglais. – 1880 : début de la confrontation entre les Anglais et les Allemands, victoire allemande. – 1884 : traité germano-douala et contrôle de la côte par les Allemands ; officialisation du début de la colonisation allemande.

Grâce à l'accord sur le partage des territoires du continent africain, la Conférence de Berlin avait atteint un double objectif: la fin des confrontations en Afrique subsaharienne entre les puissances européennes et l'exploitation des esclaves sans empiétement sur les colonies d'autrui. Une telle conclusion avait fait croire à une paix des braves.

En tout cas, au-delà de l'arrangement entre puissances occidentales, l'esclavage en Afrique avait été pratiqué sous différentes formes : par la dette, l'asservissement des prisonniers de guerre, pour des actes criminels, à des fins domestiques et judiciaires, pour des plantations notamment sur la côte orientale et dans un bon nombre des régions occidentales… Bien entendu, dans l'histoire des sociétés africaines, les guerres avaient permis de s'approvisionner en hommes. Diverses civilisations avaient pratiqué de longue date et de façon courante l'esclavage soit par la capture ou le rapt, soit par le biais d'un important trafic d'êtres humains[200]. Certes, dans ce cas précis, les personnes asservies n'étaient pas forcément traitées comme des esclaves. Ils bénéficiaient de certains droits dans un système semblable à la servitude sous contrat, à en croire l'historien canadien Paul Ellsworth Lovejoy dans *An American History of Slavery in Africa*. Toutefois, l'avènement des traites arabe et atlantique avait beaucoup poussé, voire contraint, les tenants des systèmes locaux d'esclavages à fournir des captifs pour les marchés concernés hors du territoire africain.

Pour Gareth Austin, dans *The Cambridge World History of Slavery*, au XIXe siècle, en raison de l'abolition de la traite transatlantique, plusieurs États africains avaient axé leurs économies sur le travail commercial tout à fait légal, à base d'exploitation d'esclaves, en vue de leur exportation vers l'Amérique du Nord.

« Enfin, le dernier volet de cette vaste étude s'est intéressé aux conséquences sur l'histoire génétique des Bantous d'une des périodes les plus douloureuses de l'histoire de l'Afrique : celle des traites d'esclaves transatlantiques. On sait que le génome des Afro-Américains d'aujourd'hui, qui vivent sur le continent Nord-américain, est à 75-80 % africain. Pour retracer plus précisément l'origine génétique de cette part de leur génome, les scientifiques ont comparé celui de près de 5 000 Afro-Américains de tous les États-Unis avec celui des populations d'Afrique vivant actuellement dans les anciens grands ports d'esclavage. Ils ont alors pu décortiquer les différentes contributions de ces sites de traite. Ainsi, près de 50 % du génome des Afro-Américains seraient issus du port historiquement appelé "Golfe du Bénin". L'autre apport majeur, près de 30 %, [provenait] de l'Afrique centrale de l'Ouest (Gabon, Angola), soulignant le lourd tribut qu'[avaient] payé ces populations aux traites négrières. Enfin, 13 % [venaient] de l'ancien port de Sénégambie (bassin des fleuves

---

[200] In *Histoire de l'esclavage. De l'Antiquité à nos jours,* Christian Delacampagne, Paris, Le livre de poche, 2002, p. 135. Lire aussi *Atlas de l'Afrique : géopolitique du XXIe siècle*, Philippe Lemarchand, Paris, Atlande, 2006, 4ème édition, OCLC 421707343, p. 19.

Sénégal et Gambie) et 7 % de la Côte de l'Or (Golfe de Guinée). »[201]

Les Afro-Américains d'aujourd'hui sont donc des descendants de lointaines marchandises humaines, du précieux label bantou, en provenance du continent africain. En 1790, une « négresse » coûtait l'équivalent de 7 pièces de tissu, 5 barils de poudre, 2 couteaux, 3 fusils, 4 cadenas, 5 barres de fer, 8 chapeaux et bonnets, des perles[202]. Pour l'historien nigérien André Salifou, « le prix des esclaves avait augmenté, au point que les bénéfices réalisés par certains trafiquants pouvaient atteindre jusqu'à 400 % des ressources investies »[203].

2.1 - La traite transatlantique

La traite négrière atlantique avait débuté au XVe siècle, lorsque les Portugais avaient commencé à s'approvisionner en hommes et en femmes sur les côtes d'Afrique. La découverte du Nouveau Monde et sa colonisation, ainsi que sa valorisation, par les grandes puissances maritimes européennes avaient accéléré le processus de façon exponentielle. De plus, dans les domaines des mines et des plantations, l'exploitation des richesses et des territoires de l'Amérique exigeait une main-d'œuvre abondante. En effet, l'insuffisance d'émigrants européens, trop peu nombreux et moins endurants, et d'Indiens, décimés par l'exploitation et les maladies, avait ouvert, dès le XVIe siècle, la voie à un commerce transatlantique qualifié de « commerce triangulaire »[204].

> « La traite atlantique débuta en 1441 par la déportation d'un nombre considérable de captifs africains vers la péninsule ibérique. Cette activité s'exercerait pendant plusieurs décennies. Pour mettre un terme à l'hégémonie ottomane sur les routes du commerce avec l'Orient, le prince Henri le Navigateur (Infante Dom Henrique) finança l'exploration maritime des côtes atlantiques

---

[201] In *Histoire migratoire des peuples bantous : comment la génomique rend hommage au métissage et éclaire le récit de l'esclavage, op. cit.*

[202] Source : *La traite des Noirs en 30 questions*, Éric Saugera, Geste Éditions, La Crèche ; Document présenté sur le site du ministère français des Affaires étrangères, Espace culturel, Paris, 1998.

[203] In *L'histoire de la traite négrière en France*, Julia Zimmerlich, dans *Ça m'intéresse*, mai 2017.

[204] Des négriers européens partaient d'Europe avec des marchandises manufacturées qu'ils échangeaient sur les côtes d'Afrique contre des captifs fournis par certains royaumes et négriers africains.

dès 1422 – l'objectif ayant consisté à s'allier à l'Éthiopie[205], royaume du légendaire prêtre Jean, et à préserver la chrétienté de l'expansion galopante de l'islam. Les enjeux commerciaux, soutenus par des considérations religieuses, poussèrent les papes Eugène IV, en 1442, et Nicolas V, en 1452, à approuver les conquêtes du roi Alphonse V du Portugal[206]. »[207]

Les navires européens transportaient leur cargaison composée d'êtres humains à travers l'Atlantique, dans un terrible voyage que certains historiens n'ont pas hérité à nommer la « Grande Déportation ». Le but principal de cette opération consistait à vendre les captifs à des colons aux Antilles, au Brésil, en Amérique du Nord, ainsi qu'à la Réunion ou à l'Île Maurice dans l'Océan Indien. Réduits en état d'esclavage, les esclaves travaillaient dans les plantations et les mines sous la contrainte, dans des conditions le plus souvent déplorables, abominables, voire inhumaines. En moyenne, l'espérance de vie d'un esclave de plantation ne dépassait guère dix ans. Les marchandises produites par les esclaves (sucre, café, cacao, coton, tabac…) étaient ensuite exportées vers l'Europe pour y être vendues à prix d'or.

« Les Portugais dominaient encore, en 1600, la côte atlantique qu'ils avaient découverte au moins un siècle plus tôt, ainsi que la route des Indes. Ainsi avaient-ils occupé Arguin, les îles du Cap-Vert, le fort d'El Mina à la Côte de l'Or et les espaces côtiers sous l'équateur en Angola. Les descendants mulâtres habitaient les embouchures de la Sénégambie et des rivières du Sud, des contrées où la langue portugaise était pratiquée par les peuples côtiers du golfe de Guinée. Par leurs attaches avec le Royaume du Kongo, ces navigateurs européens faisaient souvent escale dans les baies d'Afrique centrale. Mais l'annexion du Portugal par le roi des Espagnes et empereur du Saint-Empire

---

[205] État chrétien situé en Orient. Il fut attesté par plusieurs voyageurs européens des XIIe et XIIIe siècles, comme l'évêque syrien Hugues de Gabala, le franciscain de langue flamande Guillaume de Rubroeck, ainsi que le marchand et navigateur italien Marco Polo. Les recherches infructueuses, faites par les Européens, rendirent ce royaume mythique. Au XIVe siècle, quelques personnes le localisèrent en Éthiopie.
Quant à la figure mythique du roi et prêtre Jean, elle représentait pour les Occidentaux un puissant souverain chrétien qui régnait au-delà des territoires inaccessibles.
[206] Ce douzième roi du Portugal, et troisième de la maison d'Aviz ou « dynastie jeanine », le fils du roi Édouard 1er et de son épouse Aliénor d'Aragon, fut surnommé « l'Africain » grâce à ses conquêtes au Nord de l'Afrique.
[207] In *Le regard africain sur l'Europe*, Gaspard-Hubert Lonsi Koko, L'Atelier de l'Égrégore, Paris, 2019, p. 23.

romain germanique, Charles de Habsbourg (dit Charles Quint), incita ses ennemis hollandais à lancer des expéditions vers les Indes, tandis que les aventuriers français et anglais arpentaient les côtes de Guinée jusqu'au Congo. »[208]

Les historiens ont estimé que les bénéfices des expéditions tirés de la traite – en moyenne entre 15 % et 20 % – avaient contribué à l'essor économique des ports, et, plus largement, des pays européens qui pratiquaient le commerce d'êtres humains. Rien qu'en France, les villes de Nantes, de Saint-Malo, de La Rochelle, du Havre et de Bordeaux s'étaient transformées en principaux points de départ des navires négriers. Pour soutenir les coûts de cette activité, les marchands se regroupaient en sociétés maritimes, telles que la *Compagnie normande* (1626) ou la *Compagnie des Indes occidentales* (1664)[209].

Entre le milieu du XVe siècle et la fin du XIXe, on pense qu'au moins 12,7 millions (disons entre 11 et 12,7 millions) de captifs avaient été déportés d'Afrique vers les Amériques et les îles de l'Atlantique : soit à peu près 0,5 million vers les colonies néerlandaises, 0,5 million vers l'Amérique du Nord, 1,6 million vers les Antilles françaises et la Guyane, 2 millions vers les Antilles anglaises, 2,5 millions vers les colonies espagnoles et 4 millions vers la colonie portugaise du Brésil[210]. Plus d'un million et demi de personnes avaient péri dans les navires négriers pendant la traversée. Le nombre véritable de victimes de ce commerce criminel ne serait donc jamais connu[211].

En Afrique même, d'innombrables personnes étaient mortes lors de leur capture ou de leur marche forcée vers la côte, avant même d'embarquer sur les navires négriers. La population de la côte atlantique des esclaves, laquelle couvrait une douzaine d'États africains actuels, avait stagné pendant quatre siècles à cause de ladite traite. Le Gabon s'était complètement vidé de ses populations. En Angola, en 1778, il ne restait plus que 55 hommes pour 100 femmes en âge de procréer.

---

[208] *Ibidem*, pp. 24-25.

[209] Source : *Répertoire des expéditions négrières françaises au XVIIIe siècle*, Jean Mettas, édité par Serge Daget, Paris, Société française d'histoire d'outre-mer.

[210] Source : *The History of the Atlantic slave trade, 1440-1870*, Hugh Thomas, Simon & Schuster, New York, 1997.

[211] Il était d'à peu près 14 % dans les navires négriers français.

2.2 - La traite arabe

Difficilement accessible, une partie de l'Afrique orientale avait été longtemps fermée aux étrangers. Au XVIIIe siècle, les Portugais, dans le but de relier leurs territoires d'Angola et du Mozambique, avaient osé s'aventurer à l'intérieur de la région australe par l'intermédiaire des *Pombeiros*, mulâtres de Portugais et d'Africains. La traite des Noirs s'était surtout développée dans cette partie du continent africain à l'initiative des marchands arabes de Zanzibar et des Portugais qui échangeaient des esclaves contre des marchandises.

> « Il faut être de mauvaise foi, voire inhumaniste, pour ignorer que l'Afrique avait été victime des trafics d'esclaves dès la plus haute Antiquité. Mais ce fut avec l'apparition d'un empire musulman et sa spectaculaire expansion que naquit, voire se renforça, au VIIe siècle le système économique qu'on appellerait la traite. Si la loi interdisait en effet de réduire en esclavage les hommes libres en terre d'islam, il n'était pas du tout exclu de se procurer des captifs en dehors de ce territoire. Par conséquent, les premières routes émergèrent d'un commerce à grande échelle d'êtres humains. »[212]

Effectivement, en 1798, l'explorateur portugais Francisco José de Lacerda e Almeida avait dirigé une expédition que l'on avait qualifiée de scientifique. Celle-ci était menée par des Européens, pour la toute première fois en terre d'Afrique, afin d'établir, plutôt, une connexion entre les deux territoires portugais de la région, le Mozambique à l'Est et l'Angola à l'Ouest. Il fallait relier *de facto*, par la voie terrestre, les océans Atlantique et Indien. À son décès suite à la fièvre en octobre 1798 au village de Kazembe en territoire du Royaume Lunda, après avoir parcouru un trajet de plus de 1 300 kilomètres depuis le village mozambicain de Tete, l'expédition avait rebroussé chemin sous le commandement du Père Francisco João Pinto[213].

---

[212] In *Le regard africain sur l'Europe, op. cit.*, p. 21.

[213] In *The Lands of Cazembe : Lacerda's journey to Cazembe*, Richard Francis Burton, Londres, 1798.
Le journal de l'explorateur portugais, en l'occurrence Francisco José de Lacerda e Almeida, resterait le seul témoignage européen sur cette région pendant plus de cinquante ans, jusqu'au voyage en 1851 du grand explorateur écossais David Livingstone. Ce dernier rencontrerait le chef Sebetwane, qui dirigeait la branche Patsa du clan Bafokeng qui avait établi la grande et puissante nation Makololo dans l'actuel Sud-Ouest de la Zambie.

À plusieurs milliers de kilomètres de l'Afrique australe, dans la partie septentrionale de la corne de l'Afrique, habitaient des peuples chamito-sémitiques. Il s'agit des Baribah (ou berbères), ancêtres des populations qui s'étaient établies dans la région de Barbara, ou Bilad al-Barbar, dans le Pays des Berbères[214] au Nord-Est de la Somalie et de Djibouti, ainsi que des Habashas, des Abyssins ascendants des populations qui vivent de nos jours en Éthiopie et en Érythrée[215]. Quant à la région située au Sud de la corne de l'Afrique, elle était peuplée des Bantous surnommés *Zanj, Zenj* ou *Zinj*[216]. Les historiens François Renault et Serge Daget ont confirmé, dans *Les traites négrières en Afrique*, que des négriers chinois achetaient des esclaves noirs, c'est-à-dire des *Hei-hsiao-ssu*, à des intermédiaires arabes. Les Chinois s'approvisionnaient aussi chez les Somalis qui pratiquaient les échanges d'esclaves négroïdes, qui avaient été capturés dans les régions du Nord-Est du Kenya actuel. Ils les troquaient contre des tissus, des épices…

D'aucuns estiment que, dans l'hypothèse la plus raisonnable, entre 25 000 et 50 000 captifs bantous avaient été vendus, ou échangés, sur le marché d'esclaves de Zanzibar dans les années 1800-1890. Ces derniers, qui avaient été expédiés en Somalie avant les tractations avec les acquéreurs asiatiques et arabes, étaient essentiellement issus de différents groupes ethniques : Yao, Makua, Chewa (Nyanja), Zigua, Ngidono et Zaramo… Des esclaves qui avaient fui cette vallée orientale avaient dû s'installer, à partir des années 1840, dans la région encore peu peuplée du Jubb. En 1891, selon un officier des forces armées britanniques, leur nombre s'élevait entre 30 000 et 40 000 personnes, ou alors 23 500, d'après l'évaluation d'un administrateur italien.

---

[214] In *The Last Great Muslim Empires*, Frank Roland Charles Bagley et al., (Brill : 1997), p. 174. Également *Culture and Customs of Somalia*, Mohamed Diriye Abdullahi, Greenwood Press, 2001, p. 13. Lire *Encyclopedia of Religion and Ethics*, James Hastings, Part 12, V. 12 (Kessinger Publishing, LLC : 2003), p. 490.

[215] In *Mullahs on the mainframe : Islam and modernity among the Daudi Bohras*, Jonah Blank, *University of Chicago Press*, 2001, p. 163.

[216] In *Afrikas Horn : Akten der Ersten Internationalen Littmann-Konferenz 2. bis 5.*, Walter Raunig, Mai 2002 in München, Otto Harrassowitz Verlag, 2005. Consulter aussi *Zamani : A Survey of East African History*, Bethwell Allan Ogot, East African Publishing House, 1974, p. 104.

Au XIXᵉ siècle, la proportion d'esclaves était de 65 à 90 % à Zanzibar[217], de 90 % dans la côte kenyane et de 50 % à Madagascar. En effet, pour Edward R. Tannenbaum et Guilford Dudley, les esclavagistes arabes capturaient les populations bantoues de l'intérieur des terres et les acheminer sur la côte swahili – littoral où, à en croire Abdulaziz Lodhi dans *Oriental Influences in Swahili : a study in langua and culture contacts*, elles s'assimileraient progressivement dans les zones rurales, notamment sur les îles Unguja et Pemba.

2.3 - Les conséquences des traites

Comme évoqué subrepticement plus haut, les traites négrières avaient sans conteste eu des conséquences catastrophiques sur les plans social, démographique et économique. Effectivement, elles avaient été immédiatement dévastatrices pour l'Afrique subsaharienne. Ses néfastes effets se ressentent encore, au XXIᵉ siècle, à travers la décomposition des États africains. Lors d'un colloque sur la tradition orale et la traite négrière, le professeur Guèye Mbaye a estimé que :

> « dans certains secteurs, les populations avaient renoncé à vivre dans de gros villages pour se contenter de petits hameaux éparpillés à l'intérieur de la forêt et auxquels on n'accédait que par des sentiers le long desquels on avait établi des ruches d'abeilles guerrières qui en interdisaient l'accès à toute cavalerie. C'[était] compte tenu de tout ceci que les vieillards interrogés sur les stagnations, voire la régression de l'agriculture africaine, [étaient] unanimes à incriminer "la période des chevauchées permanentes". »

Un véritable traumatisme ! Pour le professeur Elikia M'Bokolo,

> « nulle part ailleurs dans le monde ne se rencontre en effet une tragédie d'une telle ampleur. Ce n'est pas un hasard si, parmi tous ces trafics [...], elle est aussi celle qui s'est attachée de manière exclusive à l'asservissement des seuls Africains, [...] celle qui, de toute évidence, peut le mieux rendre compte de la situation actuelle de l'Afrique, dans la mesure où en sont issus la fragilisa-

---

[217] Où sévissait Tippo Tip, de son vrai nom Hamed bin Mohammed el Marjebi, un marchand d'esclaves originaire d'Unguja, île principale de l'archipel de Zanzibar. Il fut également propriétaire de plantations et gouverneur de province au Congo belge. Successeur des sultans de Zanzibar, il conduisit de nombreuses expéditions commerciales en Afrique centrale orientale, dont certaines esclavagistes.

tion durable du continent, sa colonisation par l'impérialisme européen du XIXe siècle, le racisme et le mépris dont les Africains sont encore accablés.

» Sur place, en Afrique, les razzias et rapts organisés par les Européens [cédèrent] vite le pas à un commerce régulier. [Ce fut] à leur corps défendant que les sociétés africaines [entrèrent] dans le système négrier, quitte, une fois dedans, à chercher à en tirer le maximum d'avantages [...] parmi les marchandises proposées en échange des hommes, les fusils [occupèrent] une place de choix. Et seuls les États équipés de ces fusils, c'est-à-dire participant à la traite, [pouvaient] à la fois s'opposer aux attaques éventuelles de leurs voisins et développer des politiques expansionnistes »[218].

Selon les recherches de l'écrivain, journaliste et dramaturge uruguayen Eduardo Hugues Galeano,

> « la situation globale de l'Afrique au temps de la traite négrière est à mettre en parallèle avec celle de l'Amérique et des Amérindiens »[219].

De plus, cet auteur a surtout insisté sur la corrélation entre l'extermination des Amérindiens et la déportation de millions d'Africains dans les mines et plantations américaines. Il a donc expliqué, dans une démarche comparative, l'effondrement des cultures (matérielles et spirituelles) amérindiennes au contact des Européens et l'agonie des sociétés traditionnelles africaines au sortir de la conjoncture négrière atlantique.

Quant à l'économiste canadien Nathan Nunn, il a affirmé en toute objectivité que :

> « au Royaume du Congo en Afrique centrale et de l'Ouest [...] dès 1514, les enlèvements de citoyens [...] pour être vendus aux Portugais suivaient un rythme effréné, [ayant menacé] l'ordre social et l'autorité du roi. En 1526, [Afonso Ier], roi du Kongo, [écrivit] au Portugal pour se plaindre du fait qu'"il y [avait] beaucoup de commerçants dans tous les coins du Royaume. Ils [contribuèrent à] la ruine du pays. Tous les jours des gens [étaient] réduits en esclavage et [enlevés], même des nobles, même des membres de la famille royale"[220]. Cette rupture de l'ordre et de la loi fut en partie responsable de l'af-

---

[218] In *La dimension africaine de la traite des Noirs*, Elikia M'Bokolo, *Le Monde Diplomatique*, avril 1998.

[219] In *Les Veines ouvertes de l'Amérique latine, une contre-histoire*, Eduardo Galeano, Éditons Plon, 1981.

[220] In *Kingdoms of the Savanna*, Jan Vansina, *University of Wisconsin Press*, 1966, p. 52. Lire

faiblissement et, finalement, de la chute de cet État anciennement puissant. Pour beaucoup d'autres ethnies bantouphones, des États stables [avaient] existé auparavant mais le temps que la traite soit abolie, peu d'anciens États existaient encore »[221].

L'historien David Richardson, dans sa contribution à l'ouvrage collectif intitulé *The Oxford History of the British Empire*, a précisé le secteur qui avait réellement profité du commerce triangulaire. En effet,

> « les profits de la traite négrière n'[avaient] représenté environ qu'un pour cent (1 %) des investissements réalisés dans les premières années de la révolution industrielle britannique. De grands ports négriers comme Bristol en Grande-Bretagne, ou encore Nantes en France, n'[avaient] pas connu de décollage industriel, leur arrière-pays [étant resté] rural, car les profits de la traite négrière [avaient] dans leur quasi-totalité été investis dans des placements fonciers »[222].

Au-delà du fait que la traite avait *grosso modo* représenté un moyen d'enrichissement pour les élites blanches, insensibles aux valeurs humanistes, et la bourgeoisie qui était en place en Europe, davantage attirée par l'esprit de lucre, les travaux de Nathan Nunn ont montré l'importance du préjudice économique lié à l'esclavage et au commerce transatlantique sur le développement économique des pays d'Afrique. Toutefois, quelques Africains, négriers et notables, en avaient également tiré bénéfice. Étaient-ils contraints, ou consentants ? Avaient-ils agi malgré eux, ou en leur âme et conscience ?

> « Il est vrai que, à propos de la traite négrière, une question demeure taboue. Elle ne cesse vivement de diviser les intellectuels africains et afro-américains, de les opposer de manière systématique. Quelle est la responsabilité des Africains, eux-mêmes, dans le commerce de leurs semblables ? »[223]

également *Les figures marquantes de l'Afrique subsaharienne – 3*, Gaspard-Hubert Lonsi Koko, L'Atelier de l'Égrégore, 3ème édition, Paris, 2020, p. 38.

[221] In *African Society at the Time of the Scramble*, Elizabeth Colson, dans *Colonialism in Africa, 1870-1960*, vol. I, *The History and Politics of Colonialism, 1870-1914*, Lewis Henry Gann and Peter Duignan, *Cambridge University Press*, 1969, p. 36-37. Lire aussi *The long term effects of Africa's slave trades*, Nathan Nunn, *Harvard Library*, 2008, p. 143.

[222] In *The Oxford History of the British Empire*, Peter James Marshall, vol. II, *The Eighteenth Century*, Paperback, p. 662.

[223] In *Le regard africain sur l'Europe, op. cit.*, p. 27.

De toute évidence, la traite avait occasionné un traumatisme moral et idéologique chez de nombreux Africains. Elle avait conditionné une admiration nocive du Blanc, ainsi qu'une crainte du même Blanc, et la honte d'avoir la peau noire. Ce complexe d'infériorité avait également suscité, chez le Noir, un état d'esprit propre à l'obstacle quant au développement des pays de l'Afrique subsaharienne. « On a colonisé les nègres pour avoir le droit de les asservir et pour se justifier de les avoir asservis et parce qu'on était coupable envers eux », notait déjà, en 1808, Henri Jean-Baptiste Grégoire, communément appelé l'abbé Grégoire.

2.3.1 - En Amérique

L'impact de la traite négrière, cet incontestable crime contre l'Humanité qui avait duré plus de deux siècles, avait eu des répercussions considérables sur ce qui allait forcément devenir la nouvelle Amérique du Nord. Force est toutefois de constater que plus de quatre cents ans après l'arrivée contrainte des premiers captifs africains en Virginie, l'esclavage demeure un chapitre sombre de l'histoire des États-Unis. Sur le plan démographique, des millions de Noirs auraient été arrachés de force de leurs terres, séparés de leurs familles et affrétés vers la zone septentrionale du continent américain. Dans *Dispersals and genetic adaptation of Bantu-speaking populations in Africa and North America*[224], les auteurs ont estimé la contribution bantoue dans la population Afro-Nord-Américaine, sur la base des analyses effectuées sur 5 244 personnes, que les Afro-Américains possèdent entre 73 % et 78 % d'ascendance africaine – dont 13 % en provenance de la Sénégambie, 7 % de la Côte d'Ivoire, 50 % du Golfe du Bénin et 30 % de la côte occidentale d'Afrique Centrale.

De nos jours, les descendants d'esclaves noirs constituent une importante communauté en partie métissée au détriment des populations indiennes qui avaient été chassées, voire massacrées, pour laisser la place à la nouvelle main-

---

[224] Analyse ayant été faite sur le flux de gènes des Bantous vers les Amériques par les chercheurs, anthropologues et généticiens Étienne Patin, Marie Lopez, Rebecca Grollemund, Paul Verdu, Christine Harmant, Hélène Quach, Guillaume Laval, George H. Perry, Luis B. Barreiro, Alain Froment, Évelyne Heyer, Achille Massougbodji, Cesar Fortes-Lima, Florence Migot-Nabias, Gil Bellis, Jean-Michel Dugoujon, Joana B. Pereira, Verónica Fernandes, Luisa Pereira, Lolke Van der Veen, Patrick Mouguiama-Daouda, Carlos D. Bustamante, Jean-Marie Hombert, Lluís Quintana-Murci. Cette recherche a été réalisée sur 35 populations bantouphones de la partie occidentale de l'Afrique, soit 2 055 personnes appartenant à 57 populations différentes.

d'œuvre en provenance d'Afrique subsaharienne. Ce trafic d'êtres humains avait permis l'expansion du continent américain. Effectivement, la force du travail des Noirs avait propulsé l'économie des pays d'outre-Atlantique, entre autres celle des États côtiers d'Amérique latine, du Brésil – surtout les îles dites continentales – et d'Amérique du Nord. La performance de l'économie brésilienne, par le biais du travail bénévole des millions d'esclaves noirs dans les plantations, avait contribué à la prospérité des États du Sud des États-Unis d'Amérique. Cette main-d'œuvre non rémunérée leur avait assuré, grâce au coton, plus de 60 % des recettes d'exploitation. L'abolition de l'esclavage avait fini par générer la guerre de sécession entre le Nord, région industrielle qui souhaitait conserver le système de l'esclavage, et la région du Sud, celle où une majorité de planteurs était décidément opposée à l'exploitation humaine. Ce désaccord engendrerait des formes de politiques racistes, soutenues par des structures extrémistes et raciales comme le Klu-Klux clan, qui se mobiliseraient à outrance afin de débarrasser quelques cités des populations noires. Elles étaient extrêmement déterminées à éradiquer les Noirs.

Sur les îles tropicales d'Amérique,

> « [...] les plus proches ancêtres de la communauté haïtienne furent en majorité des esclaves du groupe bantou, qui étaient venus renforcer les importations de Nègres du groupe guinéen et les apports en déclin du groupe soudanais.
> » Ces trois groupes [avaient] façonné [le] peuple [haïtien] et l'[avaient] marqué, à travers le plus curieux des métissages, d'une empreinte indélébile. Ils [étaient] venus ensemencer [la] terre [haïtienne] et ils [avaient] composé, dans les larmes, la sueur et le sang, maille après maille, cette ethnie tissée à la longue en fils de France sur un rouet bantou, sans que jamais n'ait été coupé le cordon ombilical qui relie [les Haïtiens] pour toujours à l'Afrique maternelle. »[225]

En Amérique latine, les Noirs avaient pris part au mouvement d'Indépendance. Ils s'étaient carrément soulevés dans différentes colonies. Ainsi Toussaint Louverture deviendrait-il le fondateur d'Haïti, la première République noire. Après avoir dirigé la révolte à Saint-Domingue en 1791, il avait déclaré l'Indépendance de l'île en 1800.

---

[225] In *La traite des Nègres et le peuplement de Saint-Domingue*, Jean Fouchard, dans *La traite négrière du XVe au XIXe siècle*, documents de travail et compte rendu de la réunion d'experts organisée par l'Unesco à Port-au-Prince, à Haïti, du 31 janvier au 4 février 1978, p. 285.

Sur le plan culturel, le chanteur colombien Yuri Buenaventura a évoqué les origines africaines du tango. Le terme « tango » se référait à une réunion, ou à un endroit où les hommes d'origine africaine exécutaient le rythme en parallèle de la société qui les excluait de la fête. Dans cette optique, pour l'artiste multidisciplinaire argentin Juan Carlos Cáceres, le mot « tambour » constitue l'une des acceptions du terme « tango » – *tamburo* étant une réunion des Africains.

> « Bien que ces mentions échappent à une référence philologique, elles ont effacé les doutes qui persistaient encore quelques décennies auparavant sur l'origine du tango. Vicente Rossi, dès le début [du] siècle [dernier], écrivait : "À l'époque on disait 'tangos des Noirs' pour 'tam-tams des Noirs', 'tambours des Noirs' ou 'danses des Noirs', confondant cause et effet, comme aux Antilles. C'est pourquoi, lorsqu'on trouve des références au tango d'autrefois – par exemple dans l'ouvrage *Cosas de Negros* (*Le Monde des Noirs*), édité en 1926 –, il faut les rapporter à une danse présentant des caractéristiques analogues à celles d'aujourd'hui, ou du moins à celle l'ayant immédiatement précédée [...] La mention la plus ancienne date de 1808, [poursuivit] Rossi. Cette année-là, quelques fortes têtes, habitant la ville mauro-lusitano-hispanique où s'élève aujourd'hui Montevideo, allèrent trouver leur chef et contremaître Elio, afin qu'il fasse interdire les bruyants 'tangos des Noirs' qui semaient le désordre dans les ménages." Tango signifiait à la fois lieu, instrument de musique et danse. Lauro Ayestaran [insista] sur l'origine africaine du vocable : "Le journal satirique de Montevideo *La Matraca* (*La Matraque*) [brossa] dans son numéro du 1er mars 1832 un tableau pour le moins vivant du carnaval : 'Les uns vont, les autres viennent, certains montent, d'autres descendent. Ici un Turc, là un marin, des diables extravagants, une affiche de la comédie, d'un côté la police, de l'autre les Noirs et leur tango'." »[226]

Dans le même état d'esprit, la milonga avait été considérée comme l'ancêtre du tango. Au départ une danse d'origine africaine, ce terme signifiant « palabre » en l'une des langues bantoues – vraisemblablement le kikongo – avait été importé en Argentine à travers la habanera cubaine, également appelée tango américain, cette musique et danse des faubourgs. Par extension, la milonga désignait en fait un lieu où l'on dansait. L'essayiste uruguayen Vicente Rossi a attribué au mot « milonga » une origine plus uruguayenne et plus noire, tandis qu'au mot « tango », une provenance postérieure plus argentine et plus blanche.

---

[226] In *Le tango*, Horacio Salas, col. Babel, Actes Sud, 1989, p. 44.

Du point de vue musical, Ivan Almeida a rappelé dans *Me anda buscado ese nombre*, que Jean-Pierre Bernès avait décrit ainsi la milonga, danse qui était :

« à l'origine, un rythme vif, syncopé, sans doute d'origine africaine, hésitant entre une caractérisation binaire et ternaire, sur accompagnement en 2/4 de deux guitares soutenues par des percussions, les tambours des candomblés (la première guitare répète inlassablement des triolets de croches, la seconde, le schéma croche pointée, double croche, deux croches). »

L'Argentine, qui voulait coûte que coûte ressembler aux pays européens dans sa démarche culturelle et dans sa conception civilisationnelle, notamment sur le modèle des Lumières et de la Révolution française offerte par Napoléon Bonaparte, avait sciemment gommé de son inconscient collectif toute sa part africaine. Vouloir admettre la négritude dans le tango, a rappelé Juan Carlos Cáceres, c'est reconnaître l'évidence propre à l'histoire, donc le passé ; c'est remettre en question, de façon objective, le XIXe siècle sur les plans culturel et humaniste.

2.3.2 - En Europe

Du point de vue économique, la traite avait fourni au continent européen l'occasion d'atteindre une croissance de 300 à 800 %. Ainsi, sur le plan économique, plusieurs ports s'étaient-ils développés : La Rochelle, Saint-Malo, Nantes et Bordeaux en France, Amsterdam aux Pays-Bas, Bristol en Grande-Bretagne… Ayant servi de facteur d'approvisionnement de richesse par le truchement de la traite domestique en Europe et de la traite industrielle en Amérique, elle avait contribué à l'émergence des premiers États modernes. Elle avait donc permis l'accumulation d'énormes capitaux bénéfiques à la Révolution industrielle et dopé le décollage économique – notamment grâce aux matières premières en provenance d'Afrique noire.

« Sans traite négrière, pas de colonisation ! L'Europe [avait] déraciné près de 13 millions de personnes, pour les mettre au service de son expansion mondiale. La France [était] l'une des premières nations à avoir reconnu sa participation.

» Combien le savent ? Depuis l'adoption en 2001 de la loi dite "Taubira", le

10 mai en France est journée de commémoration de "la traite, de l'esclavage et de leurs abolitions". Par cette loi mémorielle, [initiée par la députée de la Guyane Christiane Taubira], la France reconnaissait la traite dite "atlantique", tout comme les travaux qu'y consacre l'Unesco depuis 1994. Qualifiée aussi d'"occidentale", elle fut longtemps tenue pour la plus intense, la plus "barbare" et la plus destructrice pour le continent noir. »[227]

D'aucuns savent très bien que, du point de vue moral, une certaine idéologie raciale avait consolidé au « pays des droits de l'Homme », dans l'esprit du citoyen *lambda*, la supposée supériorité des Blancs sur les Noirs.

Si au XVe siècle, le développement politique et économique de l'Afrique était comparable à celui d'autres continents, la situation n'était plus la même à la fin des traites négrières. L'Afrique avait connu une ère de déclin, alors que la traite transatlantique avait fait de l'Amérique une puissance planétaire. Elle avait apporté à l'Europe une prospérité incontestable.

2.3.3 - En Asie

Des Noirs avaient également été serviteurs et esclaves en Asie ancienne, aussi courte avait duré leur asservissement en comparaison de la traite dite « transatlantique ».

« Dans la première partie nous avons largement mentionné Abu Uthmân Amrû ibn Bahr Mahbûb (Al Jahiz), 776 -868 apr. J.-C., érudit aux multiples talents [ayant vécu] dans le monde islamique au neuvième siècle, qui était, à l'instar de son prédécesseur Dhu'l nun [al-Misri], un habitant noir de la Bagdad ancienne. Al Jahiz était un théologien, anthropologue, naturaliste, zoologue, philosophe et philologue. Il […] fut un écrivain prolifique qui vécut à une époque où l'ostracisme racial frappant les Noirs prenait la forme d'une réalité patente dans les pays musulmans. Son ouvrage littéraire le plus important est le très controversé livre intitulé *Titres de Gloire des Noirs sur les Blancs* (*kitab Fakhr As Sudan Ala Al Bidan* […]). [Ayant voulu] contribuer à l'endiguement du racisme contagieux dont souffraient les Noirs, l'auteur exalta ce qu'il considérait être les nombreuses vertus supérieures, tant biologiques que culturelles, des Noirs par rapport aux Blancs.

» C'est également en Irak que se produisirent les plus importantes rébellions d'esclaves africains. Des dizaines de milliers de laboureurs esclaves en pro-

---

[227] In *L'esclavage au nom de l'économie*, Alain Léauthier, *Marianne* n° 813, 17 novembre 2012.

venance d'Afrique orientale, et surnommés *Zanj*, avaient été rassemblés dans ce pays. Ils travaillaient dans les marais, humides et salés, dans des conditions de misère extrême. Conscients de leur grand nombre et du caractère oppressif de leurs conditions de travail, les *Zanj* se rebellèrent à, au moins, trois reprises entre les septième et neuvième siècles. La plus importante rébellion dura quinze ans, de 868 à 883 apr. J.-C. Durant cette période, les Noirs infligèrent défaite sur défaite aux armées arabes qui leur furent envoyées. Nous avons largement décrit la fameuse "Révolte des Zanj" dans la première partie du livre.

» L'Inde reçut également son lot de serviteurs africains : le plus célèbre d'entre eux [ayant été] Malik Ambar. Ce dernier, comme nombre d'anciens esclaves africains, s'éleva à des postes de grande autorité et même jusqu'au rang de souverain. Par contre, en ce qui concerne les masses anonymes et une influence à long terme, le premier rang [était] tenu par les navigateurs africains que l'on [nommait] Siddis. En effet, des royaumes Siddis furent établis en Inde occidentale dans le Janjira et dans le Jaffrabad dès l'an 1100 ap. J.-C. Après leur conversion à l'Islam, les affranchis africains de l'Inde, originellement appelés Habshis en arabe, prirent le nom de Sayyad, descendants de Mahomet, et furent connus à partir de ce moment-là sous le nom de Siddis. »[228]

De la côte allant du Sud de la Somalie jusqu'à Sofala, des commerçants arabes et persans, en particulier les Shirazi à Kilwa, avaient exercé une très forte influence sur les peuples bantous qui vivaient dans les régions côtières. De ces échanges avait progressivement émergé la culture swahiliphone dans les régions converties à l'islam aux environs du XIIIe siècle. Les musulmans y avaient échappé à l'esclavage, tandis que les kufra (infidèles) de l'intérieur des terres étaient très souvent réduits en esclavage.

« [Henry Morton] Stanley [affirma] qu'en [ayant descendu] le Congo pour la première fois, il avait visité un grand pays comme l'Irlande et peuplé, selon l'explorateur, d'un million d'habitants. Lorsqu'il revint dans cette contrée peu d'années après, il la trouva dévastée. Des témoins oculaires lui assurèrent qu'il ne comptait pas plus de cinq mille habitants : les négriers arabo-musulmans étaient passés par là. »[229]

---

[228] In *Histoire millénaire des Africains en Asie*, Runoko Rashidi, col. Essais/Histoire des Diasporas, Éditions Monde Global, 2005, pp. 141-144.

[229] In *Le génocide voilé*, Tidiane N'Diaye, Gallimard, Paris, 2008, p. 139.

C'était donc à l'aide du commerce oriental et de bonnes relations avec la Chine de la dynastie Ming que cette région orientale du continent africain avait connu la prospérité commerciale. Cette contrée avait été d'ailleurs visitée par Zheng He[230], lors de ses voyages en Afrique entre 1417 et 1419 et entre 1431 et 1433. Déjà, au Moyen Âge, les esclaves bantous avaient été capturés par les marchands musulmans le long de la côte de l'Est de l'Afrique. L'histoire rappelle que la révolte des *Zanj* – dont la répression par le vizir Al-Mouaffak était devenue un problème difficile à résoudre – avait été le premier grand soulèvement d'esclaves noirs, survenu entre 868 et 883, contre le pouvoir des Abbassides dans la région de Bassorah dans l'actuel Irak. Du point de vue linguistique, dans le Sultanat d'Oman, outre l'arabe et les langues d'origine indo-iranienne, il existe également une langue bantoue, le swahili des Zanzibarais, aux côtés des langues dravidienne, le malayalam, et austronésienne, le filipino des Philippins.

La Hollande, la Grande-Bretagne et la France avaient édifié leurs empires coloniaux en Amérique du Nord et du Sud, en Asie et en Afrique. L'Afrique, l'Asie et le Brésil avaient donc constitué la zone d'influence de la Couronne portugaise, et les Portugais avaient pratiqué les exportations d'esclaves d'Afrique de l'Est à destination de l'Arabie et du golfe Persique. En 1631, 400 Africains de Mombassa avaient été vendus comme esclaves sur le marché de La Mecque[231]. Dans *East Africa and its invaders* et dans *The exploitation of East Africa*, Reginald Coupland a affirmé que le trafic entre l'Afrique orientale et l'Asie, lequel se pratiquait depuis au moins deux millénaires, avait été le fil conducteur de toute l'histoire ultérieure de l'Afrique. D'ailleurs, le mahorais, l'une des deux principales langues parlées sur l'île de Mayotte, est une langue bantoue apparentée au swahili.

> « Le problème du chiffrage de la traite à l'entrée des esclaves en Asie est encore plus complexe. C'est ainsi que l'un des ports les plus actifs du golfe Persique n'avait pas de bureau de douane ; quant aux archives de Mascate, elles sont disséminées un peu partout et il est difficile de se les procurer. En outre, le chercheur est gêné, parce qu'il ne peut faire la part de la vente initiale et des ventes ultérieures. Les esclaves étaient souvent

---

[230] Eunuque chinois, Han musulman et explorateur maritime, il voyagea jusqu'au Moyen-Orient et en Afrique de l'Est.

[231] In *European powers and South-East Africa*, Mabel V. Jackson Haight, Routledge & Kegan Paul, New York, 1967, p. 264.

transportés de La Mecque, Djedda, sur Mascate ou d'autres lieux jusqu'à Basra, Bushire, puis en Inde, qui recevait aussi des cargaisons en provenancc directe de l'Afrique. »[232]

Selon le Révérend Père Étienne Baur, Raymond Wendell Beachey et Richard Rensh, plusieurs millions d'habitants d'Afrique de l'Est avaient été vendus en qualité d'esclaves au cours de la période antérieure à 1880. Quant au R. P. Baur, il a souligné que, aux environs de 1880, 30 000 esclaves avaient quitté chaque année la côte orientale de l'Afrique. Le chiffre avait été supérieur à 5 millions pour le XIXe siècle, a soutenu le professeur Beachey.

2.4 - Les apports culturels

La traite négrière n'avait pas seulement profité à l'Europe et à l'Amérique sur le plan commercial. Pour l'anthropologue et écrivain Tidiane N'Diaye,

« les esclaves non musulmans, dont beaucoup venaient de la côte du golfe du Bénin où s'étaient développées des civilisations sans grandes influences extérieures comme les empires ashanti et dahoméen, s'accrochèrent, quant à eux, aux dieux animistes ou au culte du vaudou[233].

» La tante du roi dahoméen Guézé, déportée par [Madogougou] Adandoza, [introduirait] dans le Nouveau Monde cette croyance africaine encore très répandue au Brésil et dans la Caraïbe, notamment à Haïti.

Tous ces facteurs socioculturels [avaient] été déterminants dans la résistance des esclaves brésiliens, seul le corps était enchaîné mais pas l'esprit. »[234]

Le corps, pourtant prisonnier était parti outre-Atlantique, alors que l'esprit, pourtant libre, était resté en Afrique.

Les descendants d'esclaves africains avaient sans conteste contribué à l'enrichissement, sur le plan social, des pays d'esclavage. Ils avaient indéniablement influencé, d'une manière ou d'une autre, les cultures à la fois américaine, aussi bien celle d'Amérique du Nord que d'Amérique latine, et européenne.

---

[232] In *Remarque sur la traite des esclaves*, Joseph E. Harris, dans *La traite négrière du XVe au XIXe siècle, op. cit.*, p. 297.

[233] Une religion originaire de l'ancien Royaume du Dahomey en Afrique de l'Ouest. Elle reste très répandue au Bénin et au Togo.

[234] In *Brésil « Coupe immonde » : où sont les Noirs ?*, article publié en juin 2014 sur le site Internet maliactu.net.

Des formes de musique avaient été créées, dont le jazz dans le Sud des États-Unis, le blues, le reggae jamaïcain, la salsa dans les quartiers latinos de New York. Sur le plan spirituel, le vaudou s'était enraciné à Haïti, aux Caraïbes, à Cuba et au Brésil.

> « Que serait la musique cubaine sans la conga ? L'origine bantoue de ce mot, apparu au XVIIIe siècle sur l'île, au même moment que ce tambour venu d'Afrique, ne fait aucun doute. Cet instrument est très usité dans les cérémonies rituelles des peuples du bassin du Congo. Conga se décline en *conguero*, pour désigner le percussionniste qui en joue. Et ce n'est pas le seul mot d'origine bantoue qui ait voyagé dans les soutes des bateaux de la traite négrière pour s'installer non seulement dans le créole – dont la parenté syntaxique avec les langues africaines est établie – mais aussi dans l'espagnol, le portugais ou l'anglais parlés en Amérique.
>
> » De même, le mot "rumba", désignant cette musique afro-cubaine née dans les quartiers populaires de La Havane, trouve sa racine dans plusieurs langues bantoues pour désigner le nombril. Sans doute musique et danse furent-elles baptisées ainsi parce que les partenaires se frottent l'un à l'autre. La rumba va faire le voyage inverse pour revenir au Congo dans les années 1920. Le rythme gagnera aussi l'Europe, se déclinant en rumbas flamenca et catalane. »[235]

Entre 1870 et 1890, selon Noël Blandin dans un article intitulé *Brève histoire du tango argentin* publié en novembre 2002 sur un site Internet consacré au tango, une nouvelle danse populaire métissée spécifiquement argentino-uruguayenne s'était développée : la milonga. Celle-ci donnerait naissance, vers 1890-1900, au tango argentin. Des hommes désœuvrés, qui dansaient ainsi entre eux, en raison du manque chronique de femmes, s'étaient inspirés de leurs danses traditionnelles pour inventer de nouvelles figures tout en imitant, pour les pasticher, les danses picaresques locales et surtout les danses cadencées des Noirs héritées du candomblé africain et de la habanera cubaine. Cela avait donné la milonga *canyengue*, « cadence » en dialecte d'origine africaine, laquelle était devenue le premier véritable tango dansé. Le soir, les hommes qui se rendaient dans les bordels et les bastringues des faubourgs, ainsi que des zones mal famées du port et des abattoirs de Buenos Aires, passaient la nuit à boire, à frimer et à danser avec les filles de joie au son de vieux pianos déglingués ou de petits orchestres improvisés avec piano, violon et guitare. Dans ces

---

[235] In *Bantous : la quête des origines*, Georges Dougueli, *Jeune Afrique*, avril 2016.

lieux de débauche, était né le tango argentin dansé – à la fois mélange des pas du *canyengue* et de nouvelles figures chorégraphiques à la gestuelle se référant le plus souvent à la séduction et à l'acte sexuel. D'aucuns comprendraient aisément l'allusion à laquelle l'écrivain argentin Jorge Luis Borgès, ce champion du vertige métaphysique, aimait faire, quant à l'expression dont se servait l'écrivain Léopoldo Lugones, pour définir le tango : « reptile de lupanar », reptile de maison close.

Outre-Atlantique et au-delà de la mer Méditerranée, les descendants d'esclaves bantous et ceux de colonisés bantouphones avaient excellé, et continuent de donner le meilleur d'eux-mêmes, dans divers domaines :
– la boxe : Mohammed Ali, George Foreman, Joe Louis, Joseph William Frazier (Joe ou Smokin' Joe), Sugar Ray Robinson, Sonny Liston, Sugar Ray Leonard, Mike Tyson, Marvin Hagler (The Marvelous), Larry Holmes, Michael et Leon Spinks, Evander Holyfield, Floyd Mayweather Jr, Jean-Baptiste Mendy, Tony Victor James Yoka… ;
– le football : José Leandro Andrade, Edson Arantes Do Nascimento (Pelé), Valdir Pereira (Didi), Raoul Diagne, Eusebio da Silva Ferreira, Basile Boli, Jordan Romelu Lukaku, Romelu Lukaku, Marius Trésor, Jean Amadou Tigana, Claude Makelele, Lilian Thuram, Patrick Vieira, Thierry Henry, Odenkey Addy Abbey (Marcel Dessailly), B, Steve Mandanda, Blaise Matuidi, N'Golo Kanté, Presnel Kimpembe, Kylian Mbappé, Moussa Sissoko, Paul Pogba, Ousmane Dembélé, Samuel Umtiti, Anthony Joran Martial, Vincent Kompany, Christian Benteke, Michy Batshuayi, Anthony Van den Borre, Christian Kabasele, Jérôme Agyenim Boateng… ;
– le tennis : Althea Gibson, Yannick Noah, Serena Williams, Venus Williams, Jo-Wilfred Tsonga… ;
– le basket-ball : Elvin Ernest Hayes, Michael Jordan (Air Jordan), Earvin Johnson Jr (Magic Johnson), Isiah Lord Thomas III, Kareem Abdul-Jabbar (né Ferdinand Lewis Alcindor), Nathaniel Archibald (Tiny), Robert MacAdoo (Bob), Scottie Maurice Pippen, George Gervin (The Iceman), Dominique Wilkins (Human Highlight Film ou Do), Serge Jonas Hugo Ibaka Ngobila, William Anthony Parker II (Tony)… ;
– le baseball : Barry Lamar Bonds, Henry Louis Aaron, Rickey Nelson Henley Henderson (Hank), George Kenneth Griffey Jr (Ken), Jack Roosevelt Robinson (Jackie), Frank Edward Thomas (The Big Hurt), Dave Gene Parker (Le Cobra), Bob Gibson… ;

– l'athlétisme : Jessy Owens, Carl Lewis, Benjamin Johnson (Ben), Michael Duane Adalbert Adam Johnson (La Statue de Waco ou Duck), Marie-José Pérec, Christine Arron, Stéphane Diagana, Eunice Barber… ;

– la musique : Luis Armstrong, Duke Ellington, Charlie Parker, Miles Dewey Davis III, Ray Charles Robinson, Nathaniel Adams Coles (Nat King Cole), Sidney Bechet, Theodore Navarro (Fats), Earl Kenneth Hines (Fatha), John Birks Gillespie (Dizzy), Oscar Emmanuel Peterson (le Maharaja du clavier), Aretha Louise Franklin, Sarah Lois Vaughan, Joseph Bologne (le Chevalier de Saint George), James Marshall Hendrix (Jimi), James Brown, Eleanora Harris Fagan (Billie Holiday), Eunice Kathleen Waymon (Nina Simone), Ella Fitzgerald, Theodore Walter Rollins (Sonny), Michael Jackson, Wynton Learson Marsalis, Freda Josephine McDonald (Joséphine Baker), Henri Salvador, Claude Honoré M'Barali (MC Solaar), Youssoupha Mabiki, Vanessa Lesnicki (Shay), Cédric Mateta Nkomi (KeBlack), Régis Fayette-Mikano (Abd al Malik), Élie Yaffa (Booba), Kamini Zantoko… ;

– la politique : Condoleeza Rice, Colin Luther Powel, Barack Hussein Obama, Gaston Monnerville, Severiano de Heredia, Jean-Baptiste Belley, Hégésippe Jean Légitimus, Félix Éboué, Roger Bambuck, Kofi Yamgnane, Harlem Désir, Mame Ramatoulaye Yade (Rama), Christiane Taubira, Seybah Dagoma, Danièle Obono, Cécile Kyenge, Bertin Mampaka… ;

– la littérature : Chloe Ardelia Wofford Morrison (Toni), Richard Nathaniel Wright, James Arthur Baldwin, Audre Geraldine Lorde, Amiri Baraka (né LeRoi Jones), Lorraine Hansberry, Zora Neale Hurston, Langston Hughes, Ralph Waldo Ellison, Alexandre Sergueïevitch Pouchkine, Alexandre Dumas (père et fils), Henry Bauër, René Maran, Aimé Césaire, Édouard Glissant, Maryse Condé (née Maryse Liliane Appoline Boucolon), Marie Ndiaye, Patrick Chamoiseau, Alain Mabanckou, Léopold Sédar Senghor, Léon-Gontran Damas, Windsor Klébert Laferrière (Dany)… ;

– les droits civiques : Martin Luther King Jr, Malcolm Little (Malcolm X), Rosa Louise McCauley Parks, (Rosa Parks), Jesse Louis Burns (Jesse Louis Jackson Sr ou Jesse Jackson), Angela Yvonne Davis, Bayard Rustin, William Edward Burghardt Du Bois… ;

– le cinéma : Edward Regan Murphy (Eddie), Shelton Jackson Lee (Spike), Tonya Linnette Lewis, Denzel Washington, Samuel Leroy Jackson, Wesley Trent Snipes, Forest Whitaker, Morgan Freeman, Willard Carroll Smith Jr (Will), Dany Glover, Omar Sy… ;

– l'invention : Lewis Howard Latimer, Granville Tailer Woods, Elijah McCoy, George Washington Carver, Sarah Boone, William B. Purvis, Robert Francis Flemming Jr, Garrett Augustus Morgan, Leonard C. Bailey, Daniel Hale Williams, Frederick McKinley Jones, Otis Frank Boykin, Charles B. Brooks, Henry Thomas Sampson Jr… ;
– les autres domaines : Abraham Hannibal, Thomas Alexandre Davy de La Pailleterie (le général Dumas), André Rigaud, Louis-Jacques Beauvais, Jean-Louis Villatte, Augustin Clerveaux, Jean Pierre Baptiste L'Éveillé, Louise Marie Thérèse (sœur Louise Marie de Sainte-Thérèse, ou la Mauresse de Moret), Martial Besse, Antoine Chanlatte, Alexandre Sabès (Alexandre Pétion), Wladyslaw Jablonowski (Murzynek, le nègre), Joseph Serrant, François Virgile, Alfred Amédée Dodds, Pascal Légitimus, Pierre N'Gahane, Sibeth Ndiaye, Majambu Mbikay…

III – Les aspects linguistiques

Selon l'hypothèse la plus vraisemblablement solide, faisant la plus grande unanimité dans la communauté des linguistes et chercheurs spécialisés en études africaines, la langue d'origine de différentes entités bantoues serait apparue au premier millénaire avant notre ère entre le delta du Niger et l'estuaire du Wouri dans l'actuel Cameroun.

> « On fait généralement remonter les débuts de la linguistique bantoue à Wilhelm Bleek (1862-1869) qui, le premier, [avait] désigné ce groupe de langues apparentées par le mot signifiant dans la plupart d'entre elles l'être humain (*muntu* "un homme"/*bantu* "des hommes"). S'il est vrai que l'intuition de Bleek était bonne, il n'en demeure pas moins que l'application de la méthode comparative [commença] véritablement avec [Carl] Meinhof (1899-1932). C'est finalement après plus d'un siècle qu'une école s'est constituée que l'on désigne par le terme "bantuistique". Malgré des différences substantielles, les bantuistes s'accordent au moins sur le socle méthodologique à partir duquel les faits de langues du domaine doivent être envisagés. Cette tradition intègre principalement, outre les travaux de Meinhof, ceux de [Malcolm] Guthrie (1967-1971) et [Achiel Emiel] Meeussen (1965-1969). »[236]

De nombreuses recherches révèlent que, après avoir bénéficié d'une forte croissance démographique grâce à la maîtrise de l'agriculture, les Bantous avaient progressivement occupé l'Ouest et le Sud du continent africain. Ils

---

[236] In *Langue et histoire des Bantous*, Patrick Mouguiama-Daouda, dans *Contribution de la linguistique des peuples du Gabon*, CNRS Éditions, 2005, pp. 35-36.

avaient intégré, voire repoussé, les populations autochtones qui étaient composées de chasseurs-cueilleurs, comme les Pygmées, les Bochimans et les Hottentots. Ainsi avait-il élargi l'aire géographique de leurs langues. Cette expansion linguistique, laquelle s'était appuyée sur l'agriculture et la métallurgie, s'imposerait à d'autres peuplades non bantouphones.

> « L'œuvre de Cheikh Anta Diop sur les cultures africaines s'était appuyée essentiellement sur des exemples venus d'un espace allant du Nil au Niger. [Ce fut] Théophile Obenga, enseignant-chercheur à l'université Marien Ngouabi de Brazzaville, qui [a ouvert] l'espace dit bantou aux thèses du chercheur sénégalais. En janvier-février 1974, ils [ont participé] tous deux au colloque organisé par l'Unesco, au Caire, sur "le peuplement de l'Égypte ancienne et le déchiffrement de l'écriture méroïtique". Théophile Obenga en [était] le vice-président et il y [est intervenu] sur "la parenté linguistique et génétique entre l'égyptien (ancien égyptien et copte) et les langues négro-africaines modernes". Dans les débats, il [a souligné] que "le même traitement [allusion à la restitution d'un indo-européen théorique] [pourrait] être appliqué aux langues africaines. L'égyptien ancien [avait] joué dans ce cas le même rôle que le sanscrit pour les langues indo-européennes". Il [a appuyé] cette affirmation sur une série de rapprochements morphologiques et lexicaux : la "forme archaïque commune du bantou" pour signifier "être" serait la même que celle de l'égyptien, de même que pour "venir" ou pour "noir". »[237]

La famille des langues bantoues est, en fait, un ensemble d'élocutions africaines qui regroupe environ 500 à 600 langues parlées dans une vingtaine de pays d'Afrique subsaharienne. Elles forment un sous-ensemble de la grande famille des langues dites nigéro-congolaises. Le nombre total de leurs locuteurs est évalué à plus de 310 millions. Dans l'*Encyclopædia Universalis*, il est précisé que :

> « cette unité linguistique permet de croire que les Bantous se sont répandus en un temps relativement court (trois ou quatre millénaires) sur l'espace qu'ils occupent aujourd'hui. Ces agriculteurs furent très rapidement en possession des techniques du fer. L'archéologie atteste, en effet, l'existence d'une civilisation de métallurgistes très ancienne dans toute la zone immédiatement [située] au Nord de la forêt, du Nigeria jusqu'à la région des Grands Lacs (Ier millénaire av. J.-C.). Dans les savanes au Sud de la forêt, le premier âge du

---

[237] In *Les Bantu : des Indo-Européens noirs ?*, Jean-Pierre Chrétien, dans *Afrocentrismes*, 2010, pp. 275-298.

fer [est apparu] au début de l'ère chrétienne. Rien ne permet naturellement d'attribuer *a priori* ces vestiges à des peuples parlant une langue bantoue ; cette attribution est simplement probable. Très peu d'éléments archéologiques permettent de dater l'expansion vers l'Est et le Sud des populations originelles (entre 2000 et 1000 av. J.-C., selon les estimations des linguistes). L'hypothèse la plus probable est que des populations pratiquant l'agriculture sur brûlis [s'étaient] répandues dans les zones actuelles d'occupation bantoue, soit en [ayant longé] le littoral atlantique, soit en [ayant suivi] le réseau hydrographique du fleuve Zaïre (Congo) qui les amena au Sud de la grande forêt. La première phase migratoire [était] probablement antérieure à la diffusion de la métallurgie. »

D'ailleurs, sur la base de nombreuses recherches et réflexions, beaucoup d'études ont démontré que la paléontologie linguistique avait permis d'inférer la culture néolithique des locuteurs des langues bantoues. Celles-ci s'étaient propagées du Sud-Ouest du Cameroun au Sud de la forêt équatoriale.

3.1. - Les différentes familles

Les langues bantoues sont globalement rattachées à la famille nigéro-congolaise à laquelle a été intégré le groupe bénoué-congolais, une famille négro-africaine[238]. Certains linguistes ont toutefois fait de ce groupe une famille indépendante en raison du grand nombre de langues qui la caractérisaient et de leur vaste étendue géographique : c'est-à-dire presque la moitié du continent africain. Précisons aussi que les filiations de toutes ces langues ne sont pas encore très bien établies.

3.1.1 - La famille nigéro-congolaise

La multitude de langues de la famille nigéro-congolaise est difficilement classifiable. Ses critères de classement ont toujours opposé les linguistes. C'est pourquoi il existe plusieurs façons de les classer. Par conséquent, des liens de parenté permirent l'inclusion des langues kordofaniennes et des langues de famille bantoue, ou bantoïdes, dans cette grande famille. Ces langues, dites nigéro-congolaises, concernent donc une aire géographique située entre l'es-

---

[238] Il faut aussi tenir compte de deux grands sous-groupes bantous : le groupe bénoué-congolais occidental et le groupe bénoué-congolais oriental.

pace des langues chamito-sémitiques, ainsi que nilo-saharienne au Nord, et celui des langues bantoues au Sud (voir le chapitre relatif à la cartographie).

Parlées en tant que langues maternelles par trois Africains sur quatre, les langues de la famille nigéro-congolaise sont réparties en 7 principaux groupes qui comptent plus ou moins 500 langues utilisées par plus de 105 millions de

	Groupe	Nombre des langues	Langues
1	ouest-atlantique	64	baga, banda, badjara, balante, bandial, bassari, bulom, diola, fulani (ou fulfudé), kissi, koniagi (ou wamey), landouman, limba, mandjaque, nalou, non, oniyan, peul (ou poular), safran, séré, sérère, wolof, zandé, etc.
2	mandingue (mandé)	68	bambara, bandé, bissa, bozo, dialonké, dioula, jahanqué, kagoro, kakabé, kono, kpellé (ou guercé), lélé, loma, macagne, malinké, mandé, maninka, mano, marka, mogofin, mwa, soninké, soussou, toma, ziolo, etc.
3	voltaïque (gour ou gur)	98	bariba, kulamgo, sénoufo, yoruba, ibo, palaka, viemo, wara, kurumfé, buli, bomu, mossi, kasélé, moba, gan (kaansa), gourmantché, sisala, vagala, laamba, kirma, lobi, siamou, etc.
4	adamawa-oubanguien	160	Adamawa : kam, longuda, fali, awak, dadia, donga, taram, mumuye, duru, kotopo, kumba, témé, waka, tupuri, libo, munga, bua, koké, gula, etc. oubanguien : gbaya, ngbandi, sango, ndogo, tagbu, sélé, mundu, baka, bomasa, gundi, banda, golo, etc.
5	ijoïdo-défaka	10	Ijoïde : izon, kalabari, nembé, béti, etc. ; Défaka : défaka
6	kwa	80	gbè, adja, fon, akébou, igo, abé, abidji, adioukrou, attié, alladian, avikam, adélé, ébrié, akan, baoulé, goun, mina, ouatchi, péda, pla, popo, etc.
7	méridional	18	limba, bullon, kissi, gola, baga, themne, etc.

locuteurs. À ces groupes, il faudrait ajouter une centaine de langues bantoïdes et celles de la famille nigéro-kordofanienne qui englobent au moins 205 millions de locuteurs.

À propos du tableau sur les groupes linguistiques :
– ouest-atlantique, seuls le fulani, le peul, le wolof et le sérère sont considérés comme des langues numériquement importantes, les différentes langues étant classées en groupe ;
– mandingue (mandé), parmi ces langues figurent le bambara, le dioula, le mandingue, le kpellé, le bisa, le malinké, le soninké et le bozo ;
– voltaïque (gour ou gur), l'ibo, le yoruba, le sénoufo et le bariba se distinguent de toutes les autres ;
– adamawa-oubanguien, exception faite du sango et du mumuye, toutes ces langues ne sont parlées que par un nombre très réduit de locuteurs ;
– ijoïdo-défaka, l'izon a plus de locuteurs, devançant ainsi le kalabari du Nigeria et le kirike ;
– kwa, l'akan et le baoulé sont, sur le plan numérique, les langues les plus importantes ;
– méridional, le themne de la Sierra Leone, le kissi de la Guinée et le gola du Liberia sont les langues les plus parlées.

Le dogon, lequel est parlé au Mali, constitue une langue nigéro-congolaise à part. En ce qui concerne cette particularité, du point de vue cosmogonique, les Dogons ont la planète Sirius comme attache commune avec les Bakongo établis dans la partie occidentale de l'Afrique centrale. Les initiés de ces deux peuples connaissaient depuis des lustres l'existence de Sirius. Ils avaient découvert cette planète, bien avant sa détection par les télescopes ultra-sophistiqués. En 1950, les anthropologues français Marcel Griaule et Germaine Dieterlen ont déclaré que la planète Sirius B, bien qu'absolument invisible à l'œil nu, symbolisait depuis des siècles la clé de voûte céleste de la cosmologie des Dogons. Pour ces derniers, la troisième étoile Sirius C, qu'ils nomment « Emma Ya » ou « Sorgo », ou encore « l'Étoile des femmes », a une période de révolution de 32 ans autour de Sirius A, sur une orbite elliptique très excentrique et qui est perpendiculaire à celle de Sirius B. Si en langue dogon l'étoilé Sirius est appelée « Sigi tolo », la religion des Bakongo l'a toujours désignée, depuis la nuit des temps historiques, sous le nom de « Ne Sigi », ou « Ne Sugu » ou alors

« Ne Suku », autrement dit « l'Étoile Kakongo » – la planète d'où seraient issus les ancêtres des peuples Kongo.

Rappelons aussi que, la parenthèse à propos de la planète Sirius au regard des populations Dogons et Kongo étant à peine fermée, la famille des langues nigéro-congolaises comprend une très large panoplie d'élocutions présentes dans toute l'Afrique subsaharienne. Notons aussi qu'aucune des langues figurant dans les 7 groupes, relatifs à cette famille, n'est parlée dans aucune aire géographique typiquement Kongo. C'était peut-être l'une des raisons pour laquelle la branche bénoué-congolaise – qui englobe les langues bantoues utilisées en Afrique centrale, australe et orientale – aurait été intégrée dans cette famille étendue pour pouvoir justifier le qualificatif de « nigéro-congolais ». La plupart d'entre elles, y compris les langues bantoues et celles de la famille nigéro-kordofanienne, sont des langues à tons qui n'emploient que rarement la désinence casuelle. Le système caractéristique est celui du genre grammatical qui recourt, selon François Lumwamu[239], à des classes nominales, quelques langues en ayant jusqu'à deux douzaines. Dans un certain nombre de cas, l'infinitif est l'auxiliaire qui permet d'indiquer, d'après sa déclinaison, le futur et le passé, tout comme un même terme peut désigner à la fois ce passé et ce futur, ou alors désigner différents concepts : l'illustration parfaite étant, entre autres, le mot *lobi* (hier, demain) en lingala. Toujours en lingala, le vocable *bokilo* concerne à la fois la belle-fille ou le beau-fils et les beaux-parents.

3.1.2 - Les langues bantoïdes

En fait, comme cela a été expliqué précédemment, les langues bantoues, ou bantoïdes, sont parlées au Cameroun, au Nigeria, au Gabon, en Guinée équatoriale, au Congo-Kinshasa, au Congo-Brazzaville, au Rwanda, au Burundi, en Ouganda, au Kenya, en Tanzanie, en Angola, en Zambie, au Malawi, au Mozambique, au Zimbabwe, en Namibie, au Botswana et en Afrique du Sud.

La catégorie des groupes bénoué-congolais occidental et bénoué-congolais oriental comprend, en effet, 12 sous-catégories : bangala, béti, kikongo, lingala, nguni, rwanda-urundi, sawabantu, shi, shona, sira, sotho-tswana et swahili. Ces langues ont été intégrées dans la famille des langues nigéro-congolaises, le

---

[239] In *Sur les classes nominales et le nombre dans une langue bantu*, François Lumwamu, *Cahiers d'études africaines*, vol. 10, n° 40, 1970, pp. 489-529.

Langues	Pays
les langues swahilies (entre 35 et 80 millions de locuteurs)	Tanzanie, Kenya, Ouganda, République Démocratique du Congo, Rwanda, Burundi, Comores, Mayotte, Mozambique, Somalie
kinyarwanda-kirundi (23 millions)	Rwanda, Burundi
lingala (entre 15 et 36 millions de locuteurs en 2005)	principalement République Démocratique du Congo et République du Congo, mais aussi République centrafricaine et Angola
luganda (7 millions)	Ouganda
chichewa (9 à 10 millions)	Malawi
zoulou (9 à 10 millions)	Afrique du Sud, Mozambique, Eswatini (ex-royaume du Swaziland)
xhosa (8 millions)	Afrique du Sud
shona (entre 7 et 11 millions)	Mozambique, Zambie, Zimbabwe
kikongo (6 millions)	Angola, République du Congo, République Démocratique du Congo
tshiluba (6 millions)	République Démocratique du Congo, Angola
sotho du Sud (6 millions)	Afrique du Sud et Lesotho
kikuyu (4,6 à 5,5 millions)	Kenya
fang (4,2 millions)	Gabon
sotho du Nord (3,5 millions)	Afrique du Sud
kimbundu (3 millions)	Angola
tswana (3 millions)	Afrique du Sud, Botswana
ndébélé du Transvaal (2,5 millions)	Afrique du Sud
makua (2 millions)	Mozambique
tetela (2 millions)	République Démocratique du Congo
douala (2 millions)	Cameroun uniquement
runyankole (1,5 million)	Ouganda
kiluba (1,5 million)	République Démocratique du Congo
ndébélé du Zimbabwe (1,6 million)	Zimbabwe, Botswana
vili (1,2 à 2 millions)	République du Congo, Gabon, Angola, République Démocratique du Congo
chitonga (1 million)	Zambie, Mozambique

terme « bantoïde » ayant été utilisé pour la première fois par Gottlob Adolf Krause en 1895 pour les langues dont le vocabulaire ressemble à celui des langues bantoues. En 1963, dans *The Languages of Africa*, Joseph Greenberg a défini les élocutions bantoïdes comme le groupe des langues bantoues et des langues proches.

Certains courants linguistiques évoquent les langues méridionales qui forment une branche des langues bantoïdes, elles-mêmes appartenant à l'embranchement des langues nigéro-congolaises. Ces langues bantoïdes méridionale, lesquelles sont au nombre de 671 selon l'ouvrage intitulé *Ethnologue, Languages of the World* publié sous la direction de Paul Lewis, incluent les nombreuses élocutions bantoues dont certaines sont mutuellement intelligibles.

Le terme anglais *Southern Bantoid* a été introduit par Kay Williamson en 1989, sur la base de travaux de Roger Blench réalisés deux ans plus tôt, dans l'optique de scinder les langues bantoïdes entre le Nord et le Sud. L'uniformité du groupe bantoïde Nord a été remise en question, mais ce travail a reconnu le groupe bantoïde méridional comme un groupe valable. Cela n'a pas été le cas pour les langues bantoues au sens strict.

Selon Kay Williamson et Roger Blench, les langues bantoïdes méridionales se répartissent en ces dictions bantoues jarawan, tivoïdes, béboïdes, mamfe (nyang), ainsi qu'en langues des *Grassfields* et Ekoid. Blench a fait savoir en 2010 que les langues tivoïdes, momo et béboïdes pourraient peut-être former un même groupe avec les langues mal établies comme l'esimbi et le buru.

3.1.3 - La famille nigéro-kordofanienne

Joseph Greenberg a également intégré en 1963 les langues kordofaniennes[240] à la famille nigéro-congolaises. Ainsi a-t-il proposé la famille nigéro-kordofanienne, sans pour autant prouver leur éloignement des autres branches de la souche réceptrice. Rien n'a été non plus démontré, quant à la constitution d'une branche valide. N'ayant aucun lien avec la génétique, ce regroupement n'est que géographique. Les quatre premiers groupes seraient des branches de la famille des langues nigéro-congolaises, tandis que le groupe kadouglien

---

[240] Les langues kordofaniennes sont un regroupement géographique de cinq groupes de langues parlées ; ceux-ci sont situés dans la région de Kordofan au Soudan ; il s'agit des langues katla, rashad, lafofa, talodi-heiban et kadougliennes.

concernerait une branche de la famille de langues nilo-sahariennes. Il s'agit des langues résiduelles des populations diverses dites Nouba, composées d'agriculteurs qui avaient fui la désertification, l'islam, l'esclavage et les immigrants arabophones pour se rassembler au sein d'un État pirate. Par conséquent, les Kordofans s'étaient réfugiés au XVIIIᵉ siècle autour des monts Nouba et avaient constitué un État, le Taqali, qui perdrait son indépendance en 1884 – année fatidique au cours de laquelle étaient ouverts les travaux de la Conférence de Berlin en vue du partage de l'Afrique et de la répartition des territoires dépecés, ou rafistolés, entre les puissances européennes.

Cette famille kordofanienne, également appelée nigéro-kordofanienne, est composée de deux sous-groupes principaux : kadugli et kordofanien. Ceux-ci contiennent en une vingtaine de langues parlées dans la région de Kordofan au Soudan et comptent au plus 100 000 locuteurs, sachant que la totalité des langues kordofaniennes ne dépasse pas les 500 000 locuteurs (entre 250 000 et 500 000). La plupart de ces langues, lesquelles sont utilisées par seulement un millier ou quelques milliers de locuteurs, semblent en voie d'extinction. Les langues koalib (93 000), le ngile (82 000), le tegali (72 000), le moro (65 000), le dagik (55 000), le laro (44 000), le katla (29 000), le tira (28 000) et le tocho (25 000) sont numériquement importantes.

3.2 - Les ressemblances phonétiques

Les langues bantoues présentent surtout de nombreuses similitudes. Elles constituent l'élément linguistique standard de tous ces peuples – particulièrement chez les Kongo, Yaka, Pende, Lele et Kuba – dont « le seul dénominateur commun réside dans la structure linguistique » et « les indices [...] disposent partout d'une expression phonétique semblable, fondée sur un système verbal unique »[241].

Effectivement, faudrait-il préciser,

> « selon la classification établie en 1963 par l'Américain Joseph Greenberg, les langues bantoues forment une subdivision de la famille nigéro-kordofanienne, dans laquelle on trouve la plupart des langues de l'Afrique noire, à

---

[241] In *Migrations et différenciations ethniques et linguistiques*, Dmitri Alexejewitsch Olderogge, dans *Comité scientifique international pour la rédaction d'une Histoire générale de l'Afrique*, Unesco, *Histoire générale de l'Afrique*, vol. I. *Méthodologie et préhistoire africaine*, Unesco, 1999, 4ᵉᵐᵉ édition (1ʳᵉ édition 1980), 1999, p. 320.

l'exception notable des langues nilotiques (dinka, masaï, nuer…) et des langues khoisanes (dites aussi à clics) parlées par les Bochimans et les Hottentots d'Afrique australe.

» Le nombre des langues bantoues est de 350 à 400 [vraisemblablement plus] suivant que l'on considère certains parlers comme des langues ou des dialectes. Pour les linguistes, par exemple, le kirundi et le kinyarwanda, les langues nationales respectives du Burundi et du Rwanda, ne sont rien d'autre que des dialectes d'une même langue [le rwanda-urundi]. De même qu'au Gabon le mpongwe, le galwa, l'enenga, le nkomi et l'ajumba appartiennent à une même langue, le myéné.

» L'intercompréhension prévaut entre ces langues lorsque leurs locuteurs sont géographiquement voisins. Mais des habitants du Bas-Congo et des Sud-Africains ne peuvent pas se comprendre.

» Le terme bantou a connu un tel succès qu'il en est venu à désigner tout ce qui se rapporte aux locuteurs des langues bantoues. »[242]

Bien évidemment, à partir de 1851, ou en 1856 pour certaines sources, le linguiste allemand Wilhelm Bleek avait choisi, sur la base des ressemblances phonétiques, le terme « bantou » afin de « désigner l'ensemble des langues d'Afrique centrale, orientale et australe connues d'après des documents qui avaient été rassemblés sur les côtes »[243].

3.3 - Les langues orales

À propos des langues orales, très peu d'efforts ayant été fournis en vue de l'élaboration de lexiques ou dictionnaires, seule une minorité – surtout les langues véhiculaires, interethniques, nationales ou officielles – possède une orthographe et un vocabulaire standardisés. Un certain nombre de celles-ci respecte l'alphabet international africain (1928)[244] ou l'alphabet africain de

---

[242] In *Qui sont les Bantous ?, op. cit.*

[243] In *L'Afrique des Grands Lacs. Deux mille ans d'histoire*, Jean-Pierre Chrétien, Flammarion, coll. Champs, Paris, 2000.

[244] L'alphabet international africain (AIA) est fondé sur l'alphabet latin, proposé en 1927 par l'Institut international des langues et civilisations africaines de Londres sous la direction de Diedrich Hermann Westermann. Il a été créé afin de permettre la transcription des langues africaines pour des usages scientifiques et pratiques. Cet alphabet utilise des lettres supplémentaires à la place de l'alphabet latin de base, avec des diacritiques ou dans des digrammes pour représenter certains phonèmes. Cela simplifie également l'orthographe, en la régularisant sur la prononciation.

référence (1978 et 1982)[245]. Si elles partagent plusieurs morphèmes, prono-
minaux – nominaux ou verbaux –, certaines des langues bantoues en situation
adstratique[246] avec des élocutions khoisanes ont repris l'utilisation des clics
comme consonnes phonologiques. C'est le cas, en guise d'exemple, du zoulou
et du xhosa.

> « En fonction de la politique linguistique de chaque pays, certaines langues
> bantoues jouissent d'un statut reconnu ou non par l'État. C'est-à-dire, cer-
> taines langues bantoues sont encore considérées comme des langues véhicu-
> laires, voire vernaculaires, d'autres comme des langues nationales et, enfin,
> d'autres [encore] comme des langues officielles.
> » Par exemple, le *kiSwahili* est reconnu comme langue officielle[247] dans qua-
> tre pays africains : la Tanzanie, le Kenya, l'Ouganda et le Congo-Kinshasa.
> Le seSotho est la langue officielle au Lesotho, de même [que] le *SeTswana*
> au Botswana. La République d'Afrique du Sud est un cas spectaculaire en
> ce qui concerne la politique linguistique. Elle compte onze langues officiel-
> les dont deux langues germaniques (afrikaans et anglais) et neuf langues
> bantoues (ndébélé, sotho du Nord, sotho du Sud, swazi, tsonga, venda,
> xhosa et zoulou). Le *isiZulu*, parlé par le peuple zoulou, est la langue la plus
> dominante en Afrique du Sud, du point de vue démographique, et de l'in-
> fluence politique. »[248]

---

[245] L'alphabet africain de référence (ARA) est fondé sur l'alphabet latin – proposé à la réunion
de Niamey, au Niger, qui avait été organisé par l'Unesco en 1978 et sur l'alphabet international
africain avec l'ajout de plusieurs nouveaux caractères. Il a été modifié en 1982. La réunion de
Niamey recommanda l'usage d'une lettre, avec ou sans accent diacritique, pour représenter
un phonème au lieu de digramme ou trigramme.

[246] En linguistique, un adstrat est une langue qui en influence une autre sans que l'une des
deux disparaisse. Il s'agit de l'un des trois rapports possibles d'interférence linguistique (les
deux autres étant le substrat et le superstrat).
En linguistique historique et en sociolinguistique, le terme « superstrat » désigne une langue
qui influence une autre langue. Sa définition diffère chez divers auteurs. Quant au terme
« substrat », il se réfère à la totalité des éléments de la langue d'un peuple autochtone, qui ont
pénétré dans une autre langue, à la suite de l'adoption de celle-ci par le peuple concerné. Dans
ce cas précis, la langue adoptée peut ou non devenir une nouvelle langue.

[247] Une langue est dite officielle lorsqu'elle est utilisée dans l'administration publique, dans
les médias, dans les écoles et dans la vie courante.

[248] *In Nominalisations en Kìsìkòngò (H16) : les substances prédicatives et les verbes supports
vanga, sála, sá et tá (faire)*, Innocente Luntadila Nlandu, Barcelone, 2015, pp. 16-17.

On retrouve pourtant deux groupes linguistiques bantous en Afrique du Sud, les Nguni et les Sotho-Tswana. Ils s'étaient vraisemblablement séparés au niveau de la chaîne de montagnes du Drakensberg lors de leur migration. Par conséquent, les Sotho avaient emprunté une route intérieure pour s'installer à l'Ouest, et les Nguni auraient longé la côte afin de s'installer à l'Est.

En tout cas, pour l'*Encyclopædia Universalis*,

> « la plupart des cultures humaines se sont développées sans autres moyens de transmission de l'information que la parole humaine et sans autre moyen de stockage que la mémoire individuelle. Ce simple constat donne immédiatement une idée de l'ampleur du domaine qu'on circonscrit sous le nom de "tradition orale", et des problèmes que pose une telle étude. La tradition orale concerne des systèmes socioculturels extrêmement différents ; elle met en jeu des phénomènes essentiels du fonctionnement mental humain, quant aux modes de communication et de mémorisation, sur lesquels nos connaissances sont surtout conjecturales.
>
> » Le phénomène de l'oralité caractérise donc un domaine immense de faits culturels. En se limitant même aux sociétés de tradition uniquement orale, on doit y inclure des phénomènes aussi hétérogènes que la littérature orale et les généalogies, mais aussi les rituels, coutumes, recettes et techniques, dont le trait commun est d'avoir été censément légués par les générations antérieures, de renvoyer au passé de la société. Les spécialistes ont parfois réduit l'usage de l'expression "tradition orale" aux seuls énoncés dont le propos explicite est de décrire le passé : mythes de fondation, légendes historiques ou encore chroniques locales ou dynastiques. C'est là une division artificielle, car, dans les sociétés concernées, mythes et contes, rites et coutumes constituent un héritage oral intégré, dans lequel de telles distinctions ne sont pas pertinentes. »

Des linguistes ont tenté de classer les langues bantoues, mais aucun système ne s'est avéré jusqu'à nouvel ordre satisfaisant, stable ou vérifiable. Dans les années 1940, le professeur Malcolm Guthrie a regroupé les langues bantoues en 15 ou 16 zones géographiquement représentées par des lettres de l'alphabet latin de A à S – sauf pour la lettre J, à propos de l'Ouganda (voir le chapitre consacré à la cartographie).

> « Les langues africaines ne sont pas riches en littérature écrite. La moitié de ces langues n'ont pas de système d'écriture. Certaines langues n'ont pour littérature écrite que la traduction des textes (Bible, Coran). En revanche, la majorité des langues africaines connaissent une riche littérature

orale traditionnelle (contes, fables, dictons, maximes, proverbes, chansons, cantiques, etc.). »[249]

Le kikongo, lequel fait partie intégrante de la catégorie bénoué-congolaise occidentale du groupe bantouphone de la famille nigéro-congolaise, est la première langue bantoue à avoir été décrite académiquement en 1645. Elle reste, par son étymologie (ki-kongo), la langue des Bakongo (Mukongo au singulier), ressortissants du très vaste territoire Kongo[250] commun aux quatre pays situés sur la côte atlantique de l'Afrique centrale : l'Angola, la République Démocratique du Congo, la République du Congo et le Gabon. Ainsi le kikongo est une langue transnationale. Même avec les différences lexico-sémantiques, ou morphonologiques, l'intercompréhension du kikongo est bien incontestable.

Pour ce qui est du swahili, sa particularité réside dans le fait d'être parlé par plus de 773 000 locuteurs comme langue maternelle – notamment à l'île de Zanzibar en Tanzanie – et par plus de 30 millions de locuteurs comme langue secondaire, principalement en Tanzanie, au Kenya, en République Démocratique du Congo et en Ouganda. En tant que langue véhiculaire commerciale, il est peut-être compris par environ 20 millions de personnes supplémentaires.

Quant au lingala, il est parlé majoritairement en République Démocratique du Congo et en République du Congo comme langue maternelle. On compte plus de 15 millions de locuteurs lingalaphones en langue maternelle et au moins une vingtaine de millions de locuteurs toutes catégories. La langue principale de l'armée congolaise, plus précisément des forces armées du Congo-Kinshasa, elle a été promue par l'ancien président zaïrois Mobutu Sese Seko et popularisée par de nombreux artistes qui sont nés ou ont grandi à Kinshasa, ou s'y sont installés à un moment donné de leur parcours professionnel. Ainsi sert-il d'excellent vecteur d'exportation de la rumba congolaise, à l'échelle continentale et sur le plan international. Avec son statut de langue véhiculaire, le lingala est aussi utilisé dans le Nord de l'Angola, généralement dans la region de Uíge, et en République centrafricaine. La musique congolaise étant

---

[249] *Ibidem*, p. 12.

[250] À savoir le territoire de l'ancien Royaume du Kongo, dont la capitale était située à Mbanza Kongo dans la province angolaise de Zaïre. Selon G. Bendel, à l'arrivée au XVe siècle de Diego Cão à l'embouchure du fleuve Congo, le Royaume du Kongo était plus avancé que le Portugal dans plusieurs aspects comme l'évangélisation politique, l'artisanat, l'art, etc. Le centre historique de Mbanza Kongo a été classé au Patrimoine national angolais, le 7 juin 2013, et au Patrimoine mondial de l'Unesco en 2015.

très populaire en Afrique centrale, même en Afrique de l'Ouest, il n'est pas impossible d'entendre des paroles en lingala dans un bon nombre de pays d'Afrique centrale et d'Afrique de l'Est, du Kenya au Cameroun, ainsi que de Cotonou à Dakar en passant par Lomé, Abidjan et Bamako.

Le lingala est l'une des langues nationales véhiculaires, comme le kituba, en République du Congo. En République Démocratique du Congo, il bénéficie du statut de langue nationale avec le kikongo, le swahili et le tshiluba. À lui seul, le lingala est décliné sous plusieurs formes qui recouvrent un territoire linguistique large et divisé par des frontières administratives ou de longues distances : lingala standard, dit classique ou littéraire, ou encore lingala de Makanza ; lingala parlé, c'est-à-dire populaire ; lingala de Kinshasa ; lingala de Brazzaville ; mangala ou bangala, considéré comme langue dérivée car souvent mutuellement inintelligible avec les autres dialectes de lingala. Le lingala est enrichi de différents argots : indubil, ancien argot des jeunes Kinois depuis les environs des années 1960 merveilleusement évoqué dans une chanson de Sam Mangwana dans les années 1970 ; lingala argot, ou lingala ya bayanke (Yankee) ou ya bagurba, jargon des jeunes de Kinshasa ; langila, langage codé de Kinshasa.

Exporté aux quatre coins du monde par la rumba congolaise – à travers les chansons de François Luambo Makiadi (Franco ou Grand Maître), Pascal Tabu (Ley ou Seigneur Rochereau), Jules Shungu Wembadio (Papa Wemba)… – et par l'importante diaspora nationale, le lingala est l'une des langues de l'Afrique subsaharienne couramment parlées en région parisienne, en Belgique, aux Pays-Bas, en Allemagne, en Suisse, en Angleterre, au Québec et aux États-Unis d'Amérique. Un groupe musical composé de Japonais basé à Ichikawa dans la préfecture de Chiba près de Tokyo, *Yoka Choc Nippon* dirigé par Rio Nakagawa, ne chante qu'en lingala.

En tout cas, à propos de l'expansion géographique, les langues bantoues constituent la famille linguistique la plus répandue de toute l'Afrique.

IV – Les aspects socio-économiques et archéologiques

Concepteurs des royaumes prospères et judicieusement administrés, les Bantouphones ont su maîtriser le fer, le cuivre et l'or. Ils représentent l'un des grands courants civilisateurs du continent africain.

> « Les civilisations de bâtisseurs dans la zone inter-lacustre à l'Est et en [région du Sud-Est de l'Afrique] ont la même origine. Elles ont érigé d'impressionnantes constructions de pierres sans ciment, visibles encore aujourd'hui, et définies comme l'art architectural de Zimbabwe (qui, en langue bantoue, signifie "grande maison en pierre") »[251].

Les peuples de langues bantoues vivent dans des territoires de la savane. Ils s'appuient sociologiquement, dans la plus grande majorité, sur une filiation matrilinéaire et leurs familles sont matrilocales. C'est le cas, parmi tant d'autres, des Bakongo, des Bayaka, des Bapende, des Balele et des Bakuba. Il en est de même des sociétés, pratiquant l'agriculture itinérante, qui ont plus ou moins adopté la filiation matrilinéaire. Par contre, même s'ils ne constituent qu'une infime minorité, d'autres groupes ethniques bantouphones sont traditionnellement patrilinéaires. Ils sont donc patrilocaux. C'est le cas, entre autres, des Sangha, des Mbochi, des Téké, des Luba, des Bassa, des Kikuyu, des Kuranko, des Venda et, dans une certaine mesure, des Mpama.

---

[251] In *La surpopulation africaine : un mensonge raciste*, dans *Solidarité et progrès*, 29 janvier 2008.

4.1 - La mouvance matriarcale

L'immense groupe ethnique qui rassemble les Bantous est, comme rappelé *supra*, essentiellement matrilinéaire. Les liens familiaux harmonisent donc, autour du clan de la femme, toute la vie collective. L'appartenance d'un enfant à sa mère est à la fois biologique et sociale, du fait de la lignée clanique : liens ancestraux, liens du nom, liens totémiques… Les liens de la divinité protectrice du lignage de la mère font du grand-oncle maternel le chef de famille et le gérant légal des biens immobiliers, ainsi que fonciers, hérités des parents. *De facto*, ce dernier est le détenteur des pouvoirs coutumiers, familiaux, spirituels, claniques… Il garantit la cohésion tribale. L'importance du lien du sang rend inhérente la parenté. Les cousines et cousins germains sont traditionnellement tous sœurs et frères, les tantes maternelles des mamans (aînées ou cadettes). Les enfants de la sœur utérine restent des nièces et des neveux du frère, tandis que l'oncle paternel l'autre père (aîné ou cadet) et la sœur du père, ou tante paternelle, est appelée *tata muasi* en lingala ou *tata nkentu* en kikongo, c'est-à-dire littéralement « père-femme ».

> « Dans ces espaces culturels, les prérogatives de la mère ne sont pas une fiction. On est d'abord fils ou fille de sa mère, et donc membre de la famille maternelle, avant d'être raccroché à la lignée paternelle. La succession dans les chefferies et royaumes traditionnels se fait […] d'abord au profit du fils de la sœur. La descendance paternelle ne vient qu'après. »[252]

Les sociétés négro-africaines renferment encore des vestiges du matriarcat. Même si, à part peut-être les rapports familiaux au sens large entre l'oncle maternel et les enfants de sa sœur utérine, les liens familiaux sont de moins en moins fortes dans les sociétés modernes.

Le matriarcat reste, en grande partie, la base de l'organisation sociale, ou coutumière, en Afrique subsaharienne. Dans les régions où le système matriarcal n'a pas été altéré par une influence extérieure (religion, colonisation, néo-colonisation, occidentalisation, acculturation…), c'est la femme qui transmet les droits politiques. De plus, pour la majorité des Noirs africains, l'hérédité n'est légitime que lorsqu'elle est de souche maternelle.

---

[252] In *Bantous matriarcaux (groupe ethnique) : un grand courant civilisateur de l'Afrique noire*, article publié dans le site du *Mouvement Matricien*.

Pour le sociologue et journaliste Frédéric Praud, le matriarcat avait été imaginé par l'homme africain qui menait une vie sédentaire et tirait ses subsistances de l'agriculture. Il pratiquait le culte des ancêtres, la cosmogonie et les rites funéraires, ainsi que l'exogamie de clan. La parenté par les hommes y était impossible dans une telle société, du fait de la matrilinéarité de la filiation et de la succession. La femme, qui pouvait divorcer en conservant son nom totémique ou clanique, recevait une dot lors du mariage. Ce système, lequel permettait une augmentation démographique dans un cadre où les terres étaient propriétés collectives et divinisées, accentuait le communautarisme. Le frère de la mère avait en principe droit de vie ou de mort sur ses neveux et ses nièces, mais, fort heureusement, les conventions morales étaient appliquées dans chaque clan.

Dans *Africanité & africanisation de l'Occident*, l'enseignant et chercheur Sidina Wane a annoncé que le sociologue suisse Johann Jakob Bachofen, qui avait été le premier à avoir étudié le matriarcat sur le sol africain, avait constaté que, dans le système matriarcal, la femme représentait en réalité l'élément central. Elle était le pivot de la société et du foyer familial. En effet, en tant que destinatrice de la dot lors du mariage et détentrice d'un droit décisionnel dans la gestion des biens familiaux, l'héritage se transmettait par son truchement. S'agissant de la femme en tant que pilier d'une société traditionnelle, même dans le système patriarcal, elle n'a cessé de représenter la matrice originelle. Raison pour laquelle en période de guerre, triste constat, elle est souvent violée par les vainqueurs pour humilier les ennemis du sexe masculin vaincus et les castrer psychiquement.

Faisant part de son étonnement lors d'un voyage au Soudan, l'explorateur et voyageur d'origine berbère, en l'occurrence Ibn Battouta, s'était exprimé en ces termes :

> « Ils [les Nègres] se nomment d'après leur oncle maternel et non d'après leur père ; ce ne sont pas les fils qui héritent des pères, mais bien les neveux, fils de la sœur du père. Je n'ai jamais rencontré [cette tradition] autre part, excepté chez les infidèles de Malabar dans l'Inde. »[253]

[253] In *Tuhfat an-Nuzzār fī Gharā'ib al-Amsār wa 'Ajā'ib al-Asfār* (littéralement « chef-d'œuvre pour ceux qui contemplent les splendeurs des villes et les merveilles des voyages »), communément appelé « Voyages ». [Traduction française publiée par Charles Defrémery et Beniamino Raffaelo Sanguinetti sous le titre de *Voyages d'Ibn Battûta*, Paris 1853-59, 5 vol. in-8].

L'islamisation à outrance de l'Afrique occidentale par le mouvement Almoravide au début du Xᵉ siècle et l'implantation imposée du christianisme dans la plupart des pays d'Afrique subsaharienne ont contribué, peu à peu, au recul de la religion traditionnelle. Ils altéreraient des mœurs et des coutumes, quelques siècles plus tard, au profit non seulement des influences islamique et chrétienne, mais aussi coloniale et postcoloniale d'obédience paternelle.

> « Ce système social basé sur la spiritualité de ces groupes [bantouphones] a été détruit par l'influence des religions étrangères (islam et christianisme) et de la colonisation qui ont fait de la femme un être subordonné à l'homme. Toutefois, dans les pratiques actuelles subsistent quelques phénomènes matriarcaux tels que la place conférée aux Reines-mères au sein de l'organisation sociale et politique, la proximité entre les enfants et la famille de leurs mères, le matrilignage (chez les Kom du Cameroun, les Bemba de la [République Démocratique du Congo] et de la Zambie, et bien d'autres Peuples africains). »[254]

Par conséquent, le régime patrilinéaire a fini par se substituer, partiellement et progressivement, au régime matrilinéaire. « Lors d'un sauve-qui-peut, le sanglier s'enfuit avec ses petits et non avec ses neveux », commençaient à rappeler les intellectuels Bakongo, en guise de jurisprudence coutumière. Selon Cheikh Anta Diop, dans *L'unité culturelle de l'Afrique noire*, l'adoption du patronyme pour les enfants semble surtout provenir de la contagion arabe. Mais, d'un point de vue purement traditionnel,

> « chez les Bantous de l'Afrique centrale, le mariage appelé matrilocal détermine la filiation matrilinéaire plutôt que patrilinéaire.
> » La plupart des peuplades bantoues de l'Afrique centrale déterminent la filiation selon la ligne matrilinéaire plutôt que patrilinéaire et beaucoup d'entre elles pratiquent une certaine forme de ce que l'on connaît habituellement sous le nom de mariage matrilocal.
> » En fait, c'est ce caractère matrilinéaire de l'organisation familiale qui les distingue si clairement des Bantous de l'Afrique de l'Est et du Sud, et c'est pour cette raison que le territoire s'étendant des districts de l'Ouest et du Centre [de la République Démocratique du Congo] jusqu'au plateau Nord-Est de la Zambie et des monts de Nyassaland est parfois mentionné comme la "Cein-

---

[254] In *La femme dans l'Afrique précoloniale, ou la prédominance du matriarcat dans les sociétés précoloniales noires*, Alice Grace Malongte, article paru en mars 2017 sur le site Internet monwail.com.

ture matrilinéaire" [d'Alfred Reginald] Radcliffe-Brown et Cheikh Anta Diop dans *L'unité culturelle de l'Afrique Noire.* »[255]

Dans une telle société, le système traditionnel monarchique ne privilégie pas l'aspect héréditaire de transmission du pouvoir de père en fils. La succession se fait plutôt du monarque au fils aîné de l'une des sœurs utérines, contrairement à celui imposé par la Loi Salique. Celle-ci avait défini, au Royaume des Francs, les règles de succession au trône de France en ayant notamment empêché l'accès des femmes au pouvoir. Les hommes d'abord, ensuite les garçons !

> « À ce niveau, les cultures africaines ont présenté un état d'équilibre remarquable. Il faut relire les "Études Bakongo" du [Révérend] Père [Joseph] Van Wing. La structure des institutions coutumières est là lumineusement exposée : le *mvila* (le clan), le *kanda* (le petit clan) avec à sa tête le *mfumu mpu*, le *kanda fioti* (la lignée) que commande le *nkasi*. C'est la même pyramide, la même dialectique du spirituel et du temporel, un matriarcat également fécond que [Georges] Balandier et [Marcel] Soret ont décrit dans leurs études sur les Lari, ces Bakongo de l'autre rive [du fleuve Congo]. De tout cela, que reste-t-il ? »[256]

Les Bakongo, comme la plus grande majorité des populations qui vivent en République Démocratique du Congo, au Congo-Brazzaville et en Angola, même au Gabon, sont donc régis par le matriarcat.

> « Ainsi le royaume bantou créa sa propre dynastie en s'assurant que le pouvoir soit entre les mains d'une seule et même famille. D'où l'importance de la succession par le neveu, né de sœurs utérines, car à l'époque on disait qu'on n'était pas sûr que le fils soit bien celui du père, tandis qu'on était certain que le neveu soit de son sang. Le roi élu devait alors passer par un rite d'initiation poussé, avant d'investir le pouvoir aux côtés de la reine mère et la sœur du roi. »[257]

---

[255] In *Le Matriarcat et ses origines africaines*, article de Frédéric Praud publié en octobre 2010 sur le site Internet *Paroles d'hommes et de femmes*.

[256] In *Le Congo au milieu du gué*, dans *Courrier hebdomadaire du CRISP*, 1960/22 (n° 68), pages A à D.

[257] In *Les origines d'une société matriarcale en RDC*, Charly Kadima, janvier 2018, *Actu Congo*.

Pour quelques spécialistes de l'évolution humaine et des comportements sociaux, le matriarcat constitue le premier système social humain qui avait sorti l'humanité de l'animalité. De plus, dans la promiscuité de la société primitive, seule la filiation maternelle pouvait facilement être prouvée.

4.2 - La mouvance patriarcale

À propos du Sud du Mozambique, la situation est toutefois différente. On assiste encore, sur le plan coutumier, à la prédominance de la culture patrilinéaire bantoue. L'institution typique est le village organisé autour du clan, sous le régime de la domination de la famille du mari, du *lobola* et de la polygamie.

> « Le système de la patrilinéarité suppose que les enfants appartiennent à la famille du mari, que la femme doit quitter sa famille et son village pour s'installer dans la famille du mari (patrilocalité), qu'une dot (*lobola*) est payée à la famille de l'épouse, et la polygamie [pratiquée]. »[258]

Dans ce pays, à propos de la société patrilinéaire, beaucoup d'analystes justifient la polygamie par les besoins en main-d'œuvre agricole. Le recours au personnel familial est le seul moyen d'exploiter les ressources rurales. Un accord tacite laisse sous-entendre que, pour les femmes, la polygamie est censée induire une solidarité psychologique entre les épouses surtout dans le partage des tâches domestiques.

Tout comme chez les Bassa, un peuple bantou d'Afrique centrale qui vit en très grande majorité au Cameroun dans les régions du Centre et du Littoral, la structure sociale était déjà, avant la colonisation, de type patriarcal fortement hiérarchisé. Au-delà de leur migration forcée du Nord-Ouest de l'Afrique vers le Sud-Ouest, les Bassa sont aussi présents en Afrique de l'Ouest au Sénégal, en Gambie, au Liberia, en Sierra Leone, au Togo, au Bénin et au Nigeria et dans les deux Congo, notamment les Bassa de Mpasu. Chez les Bassa, l'organisation politique s'était confondue, peu importait d'ailleurs le régime qui la régissait, avec la vie clanique. De plus, les chefs de clans incarnaient l'autorité à la fois patriarcale et religieuse. De nos jours, dans le département du Mbam-

---

[258] In *Le gender mainstreaming et la loi sur la violence domestique contre les femmes au Mozambique : les raisons de la controverse*, Angèle Flora Mendy, dans *Les politiques de genre : quel genre de politiques ?*, Numéro 69, printemps 2013, p. 58-59.

et-Inoubou au Cameroun, on recense un peuplement cosmopolite composé de plusieurs ethnies – surtout les Yambassa, les Banen, les Bafia, les Nyokon, les Yambetta qui font partie du grand groupe des Bantous. L'organisation politique traditionnelle y est fondée sur les clans dont l'autorité reste patriarcale.

Concernant les Kikuyu, au Kenya, le patriarcat a finalement supplanté le matriarcat.

> « Une légende, qui relate le passage historique du matriarcat au patriarcat, veut qu'à l'origine les femmes aient détenu le pouvoir au sein de la communauté, mais que, lassés de cette suprématie, les hommes aient recouru à un stratagème digne d'une tragédie grecque pour le leur retirer. Les maris conspirèrent pour féconder leurs épouses toutes en même temps et prirent le pouvoir, alors que leur grossesse simultanée leur interdisait toute résistance. »[259]

Chez les Mpama du territoire de Lukolela dans la région de l'Équateur, au Nord-Ouest de la République Démocratique du Congo, la vie courante est régie par des règles du matriarcat. Cependant, en ce qui concerne la succession du pouvoir politique ou coutumier, il faut se référer au système patriarcal.

Dans *Tribu Luba : Tshibawu, clé de la mythologie kasaïenne*, article paru en novembre 2019 sur le site Internet de *Congo Culture*, Masand Mafuta a rappelé le soutènement même d'un mythe qui remonte aux temps immémoriaux. Celui-ci est transmis au fil du temps par la tradition.

> « Il serait l'expression d'une malédiction léguée par une femme surprise alors en flagrant délit d'adultère et qui, condamnée à mort pour l'infraction impardonnable commise, aurait promis le même sort à ses congénères des générations futures qui se rendraient coupables de la même faute.
> » Ce mythe fondateur se veut, en tout cas, le fondement de la stabilité de la société Luba. Et pour cause, la société Luba est patriarcale. De plus la polygamie, signe ostentatoire de richesse et d'une main-d'œuvre laborieuse pour les travaux des champs, y est largement en vigueur même en milieu urbain. Elle symbolise la réussite.
> » Dans ce contexte, les femmes vivent dans la même enceinte sous un ordre hiérarchique, la première épouse ayant préséance sur les autres, et le respect dû à son rang est imposé. La progéniture abondante est le témoignage de bénédictions. Il va de soi dans ces conditions, que la mise en place de cet interdit

---

[259] In *Le mûramati chez les Kikuyu*, Pierre Jacquemot, *Afrique contemporaine*, n° 24, 2012/4, p. 128.

caractéristique du peuple Luba, à côté de bien d'autres, a pour objectif d'aller à l'encontre d'éventuelles transgressions à même de garantir la cohésion familiale et sociale : le patriarcat doit absolument s'assurer de la légitimité des enfants aux yeux du père et de son clan, et seule la fidélité de la femme en est une certitude. D'un autre côté, on connaît les risques que peut susciter la polygamie quant à la possibilité de l'attachement entre un homme et une femme. »

Les îles des Comores, un pays musulman sunnite de rite chaféite[260], appartiennent du point de vue culturel au monde bantouphone. Cette ancienne colonie française a donc fait partie intégrante de l'univers traditionnel car sa langue et ses mœurs reflètent cette réalité ancestrale. Mais les influences à la fois française, musulmane et bantoue posent beaucoup de difficultés dans la mesure où l'islam a des origines patrilinéaires, ainsi que la vieille France, tandis que les Comoriens, par leur ascendance bantoue, sont coutumièrement matriarcaux. Par conséquent, pour ce qui est de la place de la femme dans cette configuration matrilinéaire confrontée à une administration acquise au patriarcat, si le garçon hérite du double de la part de la fille en droit musulman, la tradition comorienne veut que tout ce qui relève de l'immobilier et du foncier ne puisse être hérité que par les femmes. La législation des îles des Comores a su au moins régler, en matière de succession, un tel dilemme par le recours au droit coutumier, alors que, ailleurs, ce problème continue de se poser. De plus, les systèmes patriarcaux dans d'autres sociétés bantoues ne laissent souvent aucun bien à la veuve, voire peuvent la forcer à épouser un beau-frère – à l'instar du lévirat, ce lien défini dans la Bible au Livre du Deutéronome (Dt 25,5-10). Le lévirat, habituellement combiné avec la polygamie, limite les droits des femmes et maintient l'idée selon laquelle « une veuve fait partie de l'héritage ».

La société bassari[261] était, quant à elle, originellement matrilinéaire. Les enfants portaient donc le nom de famille de leur mère et l'héritage, l'administration de la chefferie traditionnelle, ainsi que le mariage, obéissaient à cette lignée. Mais les mutations sociétales et les lois sénégalaises, sous l'influence d'un fort courant islamiste, ont fait disparaître, purement et simplement, cette tradition matriarcale au profit du patriarcat.

---

[260] Cet islam influencé par la mystique musulmane a évolué par le biais de confréries qui, aujourd'hui, ne jouent pas de rôle politique significatif.

[261] Les Bassari constituent un groupe ethnique établi principalement sur les plateaux du Sénégal oriental et dans le Nord de la Guinée. Ils forment, avec les Bédik, les Coniagui et les Badiaranké un groupe plus large nommé Tenda.

4.3 - L'identité clanique

Chez les Bantous de culture matriarcale, notamment chez les Bakongo, l'enfant porte traditionnellement le nom d'un parent vivant, membre de la famille maternelle. Il peut aussi acquérir le nom d'un parent maternel décédé, qui n'a laissé aucune descendance. Cela permet de perpétuer l'identité du défunt, afin d'éviter la disparition d'un nom. Depuis toujours, l'identité d'un individu est porteuse d'une histoire et d'une origine. Par conséquent, bien avant 1960 pour la plus grande majorité d'anciennes colonies africaines de pays européens, les familles modernes commencent à privilégier soit le patronyme, soit un nom composé qui comporte à la fois le patronyme et le matronyme.

À propos du lien familial entre les vivants et les morts à travers le nom, la sœur Marie Régine Mofila s'est exprimée en ces termes :

> « La spiritualité du *muntu* est centrée sur les concepts "vie et mort". La vie étant une réalité sacrée, elle reste le centre de son existence. De même le concept de mort est intimement lié à la vie. Dans le vécu de tous les jours, la vie est conçue par le *muntu* comme une lutte engagée contre tout ce qui provoque la mort, bien que celle-ci ne soit qu'un pas vers une vie de l'au-delà, une vie avec les ancêtres. Cette façon de concevoir la vie et la mort est un atout des cultures africaines en général et du *muntu* en particulier. »[262]

Ainsi la tradition orale continue-t-elle de renseigner, par le nom matronymique ou patronymique, sur le passé d'un lignage, d'une famille, d'un clan, d'une tribu… De plus, la divinité protectrice, ou l'ancêtre commun, représente la trame originelle.

La combinaison du patronyme avec le matronyme matérialise à merveille, chez les Bantous, les quatre identités d'un individu. Ce dernier reste chez les Balemfu et les Bantandu, par exemple, chef Nlasa Ngandu par le clan de sa mère, fils des Vuzi di Nkuwa par le clan maternel de son père, petit-fils des Mwakasa et des Nsala Nkanga respectivement par les clans maternels de ses grands-pères paternel et maternel. À travers ces quatre identités claniques, propres au *luvila*, c'est-à-dire au clan, on peut aisément conclure que l'individu concerné par cette illustration est, par ses deux parents, originaire de la province

---

[262] In *Spiritualité pascale et concepts de « vie et mort » en Afrique. Essai de compréhension chez les Sœurs Disciples du Divin Maître*, Mémoire de licence, Institut de Spiritualité africaine, Kinshasa, 1997, p. 26.

du Kongo central, ou le Bas-Congo, en République Démocratique du Congo. Ses racines maternelles se situent, plus précisément, dans les villages de Ndanda dans le secteur de Ngufu et de Boku ngoi di lembana mbua nitinu dans le secteur de Luila. Par son père, il est issu des villages de Kimbungu dans le secteur de Luila et de Kingudi dans le secteur de Ngufu. On a donc affaire à un Mukongo, d'ethnies lemfu et ntandu, des territoires de Madimba et de Kasangulu dans le district de la Lukaya.

La notion de l'être, commune à chaque élément présent dans la nature, fonctionne comme un tout organique reliant tous les éléments au dénominateur principal qu'incarne la vie. Pour François Kabasele Lumbala,

> « tous les êtres [participent] à cette vie, dont la source première est Dieu. Cela veut dire que l'herbe a la vie, l'eau a la vie, l'animal a la vie, la motte de terre a la vie, les étoiles et les astres ont la vie. On l'éprouve par la force qui se dégage d'eux et qui se déploie autour d'eux : ainsi la terre fait germer les graines ; l'eau étanche la soif ; l'herbe peut nourrir ou tuer quand on la consomme ; l'herbe peut tuer le microbe et guérir un malade ; le soleil réveille les hommes, fait croître, réchauffe en chassant le froid ; la lune fait varier les tempéraments, provoque des changements dans le corps humain ; chez l'homme, la vie se déploie d'une manière encore plus rapide : il entre en relations, il produit, il réfléchit, il engendre… La participation à la vie se fait à des degrés divers et permet ainsi une interdépendance multiforme entre les êtres, selon leur nature et leur affinité : les Ancêtres sur les descendants, les Forts (chefs, guérisseurs, sorciers) sur les mouvements de la nature et des hommes, les Aînés sur les puînés, les parents sur leurs enfants, ceux qui sont dans leurs droits (ayant le *lusanzu*), sur les fautifs, etc. »[263]

Le fait de causalité entre les êtres est ainsi évident, dès lors qu'on n'est pas le seul existant en ce bas monde. C'est en cela que la notion de l'*Ubuntu*[264] prend tout son sens. C'est aussi en cela que la récolte peut-être bonne ou mauvaise, le cycle environnemental clément ou hostile, un individu heureux ou malheureux, chanceux ou malchanceux.

---

[263] In *Renouer avec ses racines. Chemins d'inculturation*, François Kabasele Lumbala, Paris, Karthala, Paris, 2005, pp. 259-260.

[264] Notion humaniste en usage dans le Sud de l'Afrique qui pourrait être traduite par « je suis ce que je suis grâce à ce que nous sommes tous ». En langue luba, parlée en République Démocratique du Congo, le concept d'*Ubuntu* et/ou *bumuntu* exprime la manière d'être d'un individu, dit « muntu », dans son univers socioculturel.

4.4 - L'agriculture

Selon Gabriel Mas, dans *Histoire des migrations humaines*[265], l'importante croissance démographique dans la région du lac Tchad poussa sans doute toute une population à émigrer. De plus, l'agriculture fut introduite en Afrique au Sud de l'équateur vers 1000 avant J.-C. Elle avait été véhiculée par les migrations des peuples bantous, qui s'établirent dans le Nigeria et le Cameroun de nos jours.

> « C'est là le départ du plus grand mouvement de migration qu'ait connu l'Afrique. Certains groupes traversèrent la forêt équatoriale en [ayant suivi] le cours d'affluents du Congo, puis le Congo jusqu'au site actuel de Brazzaville et Kinshasa [dans les deux Congo]. D'autres groupes contournèrent la forêt par les hauts plateaux des Grands Lacs et s'établirent dans [le] Katanga, au Sud-Est de la République Démocratique du Congo. Vers 1000 après J.-C., la progression continue des Bantous et, avec eux, des Kouchites, contraindra les peuples, chasseurs-cueilleurs établis en Afrique australe et orientale, à refluer encore plus au Sud. »[266]

Les groupes les plus méridionaux, les Xhosas et les Zoulous à l'Est, les Héréros à l'Ouest, n'avaient atteint leur actuelle zone d'habitat qu'aux XVe et XVIe siècles.

D'aucuns ont constaté que la grande homogénéité linguistique et culturelle des langues bantoues avait connu depuis le Nord-Ouest un essor lié avant tout à la propagation de l'agriculture et, en second lieu, de la métallurgie. De nos jours, la richesse anthropologique exceptionnelle de la République Démocratique du Congo peut parfaitement confirmer, à elle seule, une telle affirmation. En effet, grâce à l'activité agricole,

> « même les Pygmées, les chasseurs-cueilleurs initiaux de la forêt équatoriale, ont fini par utiliser les langues bantoues. »[267]

Dans la vallée du Rift, surtout dans la zone montagneuse située au Sud du Kenya et au Nord de la Tanzanie, le pastoralisme et, probablement, l'agri-

---

[265] In *Cahier de Village de Forez*, n° 165, 2018.
[266] *Ibidem.*
[267] In *Congo une histoire*, David Van Reybrouck, Actes Sud, 2012.

culture auraient déjà été pratiqués par des villageois 1000 ans, ou alors 2000 ans avant J.-C. L'émergence de l'agriculture marqua, il y a 4 000 à 5 000 ans, peut-être plus, un tournant décisif dans l'histoire africaine. Elle incita les bantouphones, chasseurs-cueilleurs, à évoluer sur les plans sociétal et technique. Ces derniers finirent par maîtriser la nouvelle technologie qui leur permettrait d'investir de nouveaux territoires et d'étendre progressivement leur zone d'habitat. Après un périple de plusieurs millénaires, tout compte fait, ils s'installèrent dans l'ensemble du territoire de l'Afrique subsaharienne.

Rappelons tout simplement que, en référence aux travaux de l'anthropologue américain George Peter Murdock effectués en 1959, l'agriculture représente une vieille tradition chez les populations bantouphones. De plus, elles la pratiquent depuis, plus ou moins, le troisième millénaire avant notre ère – époque au cours de laquelle elle se serait diffusée au Nord de la forêt équatoriale jusqu'en Éthiopie, après son invention dans le delta du Niger au cinquième millénaire, ou plus, avant notre ère. La pénétration dans la forêt équatoriale contribua beaucoup à l'abandon par les Bantous de la culture des céréales, au profit de celle des plantes asiatiques – taro, banane, igname – mieux adaptées à ce nouvel environnement.

S'agissant du mode de production agricole,

> « les Bantous pratiquent l'abattis-brûlis, un système de production typique des agricultures manuelles en milieu forestier, très répandu dans le monde. Les parcelles défrichées sont cultivées durant une, deux, voire parfois trois années puis abandonnées au reboisement naturel (friche) pendant une durée qui varie de quelques années à plusieurs décennies. Le terrain est nettoyé par le feu après abattage des arbres afin de permettre l'installation d'une culture. Le terrain n'étant pas essouché, les arbres repoussent, par rejets ou par régénération naturelle, et une forêt secondaire se reconstitue. »[268]

Pour Marcel Mazoyer et Laurence Roudart, dans *Histoire des agricultures du monde : du néolithique à la crise contemporaine*, avec une telle pratique, la parcelle initialement forestière fait l'objet d'un débroussaillage. Elle est en partie défrichée par « essartage tropical », selon l'expression du géographe et tropicaliste français Pierre Gourou. On abandonne sur place les arbres, après les

---

[268] In *Les sociétés agro-forestières bantoues du Sud du Cameroun*, Marta Fraticelli et Cécile Pinsart, Fonds documentaire dynamique sur la gouvernance des ressources naturelles de la planète, mars 2012.

avoirs sommairement coupés (abattage), tandis que les débris végétaux de la parcelle sont ensuite laissés à sécher au soleil puis brûlés juste avant la période du semis.

> « Il n'y a pas de dessouchage. Dans les milieux où la forêt est très dense, comme les zones tropicales, seuls le sous-bois et les arbres de petits diamètres sont abattus. Dans les milieux plus faciles à défricher, tous les arbres sont abattus, à l'exception de ceux considérés comme utiles. Les outils utilisés sont la hache (de pierre polie ou de métal) et le sabre d'abattis. Le brûlis provoque une restitution de nutriments minéraux de la biomasse au sol, qui servira aux cultures. Le réchauffement du sol, provoqué par le soleil et par le travail du sol [génère] également une importante minéralisation de la matière organique accumulée dans le sol par la forêt.
> » Sur la parcelle ainsi libérée, l'agriculteur sème ses cultures sans labour. Le sol est travaillé à la houe, pour préparer le lit de semence. Dans le cas de cultures de tubercule, le sol est aménagé en billons, à la houe. Dans certains systèmes, seul le bâton fouisseur est utilisé, pour creuser les trous où sont semées les graines ou implantés les plants. »[269]

Considérée comme archaïque et dénigrée sous cette forme par les Européens depuis les débuts de la colonisation, le géographe de nationalité française Roland Pourtier n'est pour autant pas critique à l'égard de la pratique de l'agriculture itinérante sur brûlis. Il estime que, au contraire, elle n'en représente pas moins une réponse intelligente des sociétés forestières dans un contexte de faibles densités démographiques[270].

Toutefois, selon une fiche d'actualité scientifique qu'a établie l'IRD[271] en juin 2014, sous le titre *Histoire des peuples en Afrique : le rôle de l'agriculture revu*, une question se pose indépendamment de la pratique et du mode de production agricole. Elle suscite l'interrogation, voire le doute, sur la problématique du phénomène agricole qui aurait permis l'expansion démographique des agriculteurs semi-nomades Bantous à travers l'Afrique subsaharienne et engendré leur différenciation génétique avec les commu-

---

[269] In *Histoire des agricultures du monde : du néolithique à la crise contemporaine*, Marcel Mazoyer et Laurence Roudart, Éditions du Seuil, Paris, 2002.

[270] In *L'agriculture familiale et le portage féminin en Afrique centrale*, Roland Pourtier, Bulletin de l'Association de Géographes Français, 92-3, 2015.

[271] Voir plus haut, les chapitres consacrés à la Grande migration des Bantous et aux traites négrières.

nautés pygmées de chasseurs-cueilleurs.

> « Jusqu'à présent, les scientifiques pensaient que l'émergence de l'agriculture sur le continent [africain] il y a 5 000 ans avait eu un rôle majeur. Or, une équipe internationale, dont un chercheur de l'IRD, [a révélé] que l'histoire de ces peuples s'est jouée bien avant. D'après une vaste étude génomique, les deux types de populations [bantoues et pygmées] résulteraient de plusieurs dizaines de milliers d'années d'adaptation à leurs différents milieux. Le boom démographique des ancêtres des Bantous date, quant à lui, de 7 000 à 10 000 ans, remettant en cause l'impact de l'agriculture, apparue plus de 2 000 ans plus tard. »

Cette affirmation a carrément remis en cause l'hypothèse selon laquelle la différenciation génétique entre les Pygmées et les ancêtres des Bantous, ainsi que l'essor démographique de ces derniers, seraient survenus bien avant l'avènement de l'agriculture sur le continent africain. Il en est de même d'un brassage génétique entre les deux sociétés, lequel a bien eu lieu à un moment donné de l'évolution humaine, mais beaucoup plus tard que ce que les scientifiques pensaient. Même si les contacts que Pygmées et Bantous entretiennent remontent à presque 5 000 ans, ce phénomène se serait produit il y a seulement moins de 1 000 ans.

Ce brassage, qui se serait toutefois effectué de manière intense au point de présenter de nos jours le génome des communautés pygmées à hauteur de 50 % de matériel génétique hérité de leurs voisins agriculteurs, sème sérieusement le doute sur le véritable impact de la découverte de l'agriculture au regard de l'histoire génétique et démographique africaine. Quel phénomène a-t-il permis, en réalité, l'essor des ancêtres des Bantous ? Étaient-ce des facteurs environnementaux ou autres ?

4.5 - L'archéologie

Des témoignages archéologiques avaient-ils matérialisé la propagation d'une culture néolithique, aux environs de 3500 ans av. J.-C., comme défini par la glottochronologie ? En tout cas, d'après les travaux du linguiste gabonais Patrick Mouguiama-Daouda,

« entre 300 avant J.-C. et 600 après J.-C., on [assista] à un changement dans le matériau archéologique de la plus grande partie de l'Afrique orientale et méridionale (République Démocratique du Congo, Malawi, Zambie, Zimbabwe, Afrique du Sud). Les premières traces témoignant de la connaissance de la métallurgie du fer, de la céramique et de l'agriculture [étaient] mises en évidence grâce à l'étude de centaines de gisements. On [était] donc en présence des vestiges d'une population sédentarisée : les fouilles [avaient] révélé l'existence de villages semi-permanents, de houes en fer, de meules, de plantes cultivées (courges, haricots, doliques en Zambie et au Zimbabwe). On a donné à ce complexe le nom d'"âge du fer ancien". »[272]

Dans cette région d'Afrique australe, la rupture avait été introduite avec les périodes antérieures. Elle avait contribué, en effet, à l'évolution des techniques de production alimentaire, d'élevage, de fabrication de poterie et de métallurgie. Tout justement,

« Robert Soper (1971) a procédé à une étude stylistique détaillée de la poterie. À partir de ses conclusions et de différentes chronologies, [David W.] Phillipson a distingué deux courants : le courant oriental (Malawi, une partie de la Zambie orientale, l'essentiel du Zimbabwe, le Transvaal, le Swaziland) et le courant occidental (Zambie centrale et régions adjacentes de la République Démocratique du Congo [Katanga] et de l'Angola). Les potiers d'Urewe de la région inter-lacustre semblent être les plus [lointains] représentants de la culture du fer ancien, le style de leur poterie étant le plus représentatif. […] il y a de fortes chances, d'après Phillipson, pour que ces anciens potiers aient été également des métallurgistes. Au IIe siècle de notre ère, soit un peu plus d'un millénaire après l'installation des potiers d'Urewe dans la région inter-lacustre, le courant oriental se [propagea] dans la région côtière du Kenya, en Tanzanie et en Somalie. Deux siècles plus tard (IVe siècle de notre ère), le courant [atteignit] la partie méridionale (Transvaal, Swaziland, Malawi, Zambie orientale, Zimbabwe). Les datations récentes révélées par les gisements du Zimbabwe, relativement à ceux de la Zambie, [ont suggéré] une rapide propagation du Nord au Sud. [Les] travaux sur le courant occidental sont moins nombreux […], les traces du petit bétail (moutons) sont plus anciennes et attestées dans les deux courants, comme [l'ont suggéré] des peintures rupestres. À la suite de contacts, au IIe siècle après J.-C., le courant occidental [transmettrait] l'élevage des bovins au courant oriental. »[273]

---

[272] In *Langue et histoire des Bantous, op. cit.*, pp. 35 36.
[273] *Ibidem.*

Les avis des chercheurs divergent, toutefois, sur l'origine du fer ancien. D'après les uns, il était question d'une invention autonome au centre de l'Afrique, tandis que, selon les autres, il s'est agi d'une introduction à partir d'un centre de diffusion extérieur. Pour diverses raisons, David W. Phillipson a proposé le Soudan central comme foyer de diffusion.

> « On sait qu'il y a 2 000 ans une tradition d'agriculture existait dans la vaste région comprise entre le Sud du Sahara et le Nord de la forêt. Les premiers centres métallurgiques d'Afrique subsaharienne sont attestés dans des régions faisant partie de cet ensemble. Il s'agit des plateaux de Nok au Nigeria et de Méroé dans le Haut Nil. Or, on a mis en évidence des ressemblances entre certaines poteries d'Afrique de l'Ouest, surtout celle du Soudan, avec la tradition d'Urewe de la région inter-lacustre. On sait aussi que les espèces cultivées à l'époque des "potiers" d'Urewe et par tous les agriculteurs du complexe de l'âge du fer ancien ont été domestiquées dans cet ensemble, que les gros et petit bétails en proviennent. On sait encore que, près du lac Tchad, une tradition semblable à celle d'Urewe est attestée. Comme, d'une part, les dates les plus anciennes sont établies pour Urewe, dont les différenciations stylistiques sont, par ailleurs, celles d'une tradition primordiale et que, d'autre part, Urewe est le gisement le plus proche de cet ensemble, c'est là qu'il faut localiser la région d'où sont issus les métallurgistes à l'origine de l'âge du fer ancien. »[274]

Le qualificatif propre à l'« âge du fer récent » a été attribué à un ensemble d'industries assez hétérogènes. Celles-ci avaient été mises à jour au Nord-Ouest de la Zambie, et du territoire angolais adjacent, dès 1000 avant J.-C. Une apparition simultanée de cette tradition a été constatée sur un vaste territoire incluant le Zimbabwe, le Transvaal et le Malawi. Bien évidemment, la tradition céramique a montré une certaine continuité avec l'âge du fer ancien.

Comme chez les bantouphones de l'Est, des sites néolithiques ont été découverts dans la partie Nord-Ouest du territoire bantoue. Ceux-ci s'étaient propagés, dès 3500 avant J.-C., du Sud du Cameroun jusqu'à la partie occidentale de la République Démocratique du Congo.

> « Des villages permanents, des fosses dépotoirs, des vestiges de poterie, des meules, des restes de plantes cultivées, etc. ont été exhumés dans ces différents pays. Le site le plus ancien a été découvert à Obobogo[275] au Sud du Cameroun

---

[274] *Ibidem.*

[275] Ce site a été découvert au Cameroun lors de la construction de nouvelles routes aux alentours de Yaoundé (J.-B. Jauze 1944). Inscrite sur la liste indicative du Cameroun pour

(1500 avant J.-C.). Au Congo-Brazzaville [et] en République Démocratique du Congo, on a mis en évidence des sites du néolithique qui présentent des analogies avec celui d'Obobogo, mais qui lui sont postérieurs. Les porteurs de cette civilisation [envahirent] un espace où [vivaient], apparemment depuis une date ancienne, des chasseurs-cueilleurs. Ces derniers, bien que moins nombreux, [conserveraient] leur mode de vie ainsi que l'atteste la contemporanéité de certains sites paléolithiques et néolithiques. »[276]

Partant du principe selon lequel les Bantous de l'Ouest avaient dû développer l'usage du fer au cours des migrations, même si les traces de l'agriculture semblent plus anciennes que leur arrivée, on peut affirmer que l'ensemble des Bantouphones de l'Est avaient dû acquérir la technologie idoine avant leur établissement dans la région des Grands Lacs.

« Il faut donc soit admettre que des agriculteurs ont occupé certains endroits du sous-continent avant l'arrivée des Bantous, soit reconsidérer les dates que l'on accepte habituellement pour l'expansion de ces derniers. »[277]

En effet, la métallurgie était apparue environ 800 ans avant J.-C. dans la région des Grands Lacs. Cela s'était passé à une époque où les populations bantouphones avaient commencé à stocker de la nourriture et à pratiquer l'agriculture céréalière comme leurs voisins de la vallée du Nil. Le langage avait été forcément associé à la transformation agricole, lors de cette grande expansion. Les chasseurs indigènes, notamment les Khoisans dont des clics caractéristiques se retrouveraient dans plusieurs langages bantous sud-africains, avaient été progressivement assimilés ou alors déplacés à cette époque. Ainsi devrait-on s'interroger sur la transition qui s'était opérée dans l'espace bantouphone entre paléolithique ancien et paléolithique récent, même si l'on a découvert des restes d'*Homo sapiens* de ces périodes anciennes dans très peu de pays.

---

le Patrimoine mondial de l'Unesco, la Grotte de Shum Laka atteste, dans les *Grassfields*, un néolithique bien plus ancien.

[276] In *Langue et histoire des Bantous, op. cit.*, pp. 35-36.

[277] *Ibidem.*

V – La cosmogonie ontologique

S'agissant de la création du monde et de l'univers appréhendé soit sous la forme initiatique de légendes et de mythes, soit d'hypothèses scientifiques, ou bien de visions déistes, ou alors de représentations symboliques à tendance mystique, la réflexion sur l'être bantou ne pourra que permettre de mieux se pencher sur la nature réelle de ce qui l'entoure et le sens profond de son existence. « L'acte d'imagination est un acte magique », avait réalisé Jean-Paul Sartre dans l'ouvrage intitulé *L'imaginaire*. En ayant à l'esprit le rapport entre l'âme et le corps, lesquels représentent un tout, il n'est pas surprenant que l'on puisse s'interroger sur le devenir de l'être humain – qu'il soit d'ailleurs bantou ou non, blanc ou noir, jaune ou rouge, africain ou asiatique, riche ou pauvre – après la dissociation de ces deux composants. D'après le Révérend Père Placide Frans Tempels,

> « la philosophie bantoue définit l'"être" comme étant "force". C'est-à-dire qu'un être n'a pas comme caractéristique une certaine force, ou n'a pas à disposition une force distincte de l'être, non, un être dans [l'acception européenne ou occidentale] du terme, est appréhendé dans la philosophie bantoue comme étant la même chose qu'une force. »[278]

Le Révérend Père Tempels a essayé, dans le rapport entre « être » et « force », de rappeler un fait précis, notamment d'ordre méta-

---

[278] In *La Philosophie bantoue*, R. P. Placide Tempels, (Présence africaine), Clé, Paris, 1945.

physique. De plus, chez les Bantous, et, selon toute vraisemblance, chez les peuples primitifs en général, la vie et la mort sont, par une conséquence inévitable, les grands apôtres de la fidélité à la « magie » et du recours aux pratiques « magiques » traditionnelles. Il s'agit du mystère de l'existence, terrestre ou extraterrestre, visible ou invisible, profane ou initiatique. Bref, aurait dit l'érudit, une problématique de l'ontologie existentielle. Tout est donc question de croyance. Bien entendu,

> « l'inextricable imbrication de l'esprit et de la matière, du monde physique et de l'invisible qui caractérise les croyances des peuples du Sud Congo culturellement apparentés aux Bavili (Bayombe, Bakugni, Balumbu, Bapunu), entraîne chez [ces derniers] une étroite dépendance des structures familiales, [ainsi que] politiques, et de l'univers spirituel »[279].

La mort ressemble à ce vêtement blanc que l'on portera un jour, peut-on lire dans n'importe quelle gazette d'hier. Dans cette optique tout à fait ontologique, d'aucuns savent l'importance de l'eau dans la cosmogonie bantoue et dans celle d'un grand nombre de populations d'Afrique subsaharienne. Avec la terre, l'air et le feu, l'eau constitue en effet l'un des éléments symboliques propres aux mythes originels de la création : c'est-à-dire de la cosmogonie qui caractérise l'origine, l'essence et le sens du monde. Différents phénomènes considérés de façon séparée, ou conjointe, permettent d'être ou non en phase avec ces quatre éléments fondamentaux. Ainsi l'analyse du monde est-elle décisive pour la maîtrise des fluides, négatifs ou positifs.

5.1 - La magie et la sorcellerie

L'emprise malfaisante, voire nocive, du sorcier s'exerce, de manière inconsciente ou consciente, par envie ou par haine. La sorcellerie étant absolument condamnée par tout le monde, le recours à un homme initié, le *nganga*, s'impose d'emblée dans le but d'enrayer les maléfices ou l'envoûtement.

---

[279] In *Les fondements spirituels du pouvoir au royaume de Loango, op. cit.,* pp. 11-12.

« L'activité du nkanga (Mongo) ou du nganga (Kongo, Luba) est
socialement approuvée et encouragée. C'est lui qui restaure l'intégrité
de l'Homme et de la société, menacée par la puissance occulte des sorciers ou des esprits courroucés. Dans la pratique, il arrive, certes, que
l'on soupçonne le magicien – qui est aussi parfois devin et médecin –
de pratiquer la sorcellerie. Il n'en demeure pas moins que les deux
champs conceptuels sont distincts. À cet égard, la zone du pouvoir est
frappée d'ambivalence. Chez les Kongo, par exemple, l'oncle maternel, ou le père, a le droit de sanctionner une faute grave commise par
le neveu utérin, ou le fils, par une malédiction (nloko) dont l'efficacité
est de même nature que celle de la sorcellerie (kindoki). Il s'agit là
d'une sorcellerie légitime, exercée pour la défense de l'ordre social.
» Plus troublante est l'assimilation du pouvoir sacré du roi kuba à
la sorcellerie criminelle. Après l'intronisation, qui l'arrache à l'ordre familial et lui confère d'importants pouvoirs sur la nature, le
souverain est considéré purement et simplement comme un dange-
reux sorcier maléfique. »[280]

Certains hommes sont méchants par nature. Ils sont en prise à une
forme démoniaque qui suscite une terreur épouvantable – le *buloji* (en
kiluba). Celle-ci une forme diabolique du mal qui symbolise, du point
de vue ontologique, la pourriture de l'être concerné.

« Toute aversion, haine, envie, jalousie, médisance, voire la louange
ou l'éloge mensonger, sont sévèrement désapprouvés en principe
[…]. À celui qui fait montre d'envie ou de haine, on adressera le
reproche : "Veux-tu me tuer ? As-tu le *buloji* dans le cœur ?" Toute
mauvaise volonté préméditée est qualifiée de *"nsikani"* et le vrai
"nsikani", celui qui porte méchamment atteinte à la force vitale
d'autrui, est synonyme de *"buloji"*. Pareil *"muloji"* est considéré
comme un coupable au plus haut point par les Bantous ; il est coupable aussi en face de Dieu, dispensateur et conservateur de toute
vie. Le *"muloji"* portant atteinte à l'ordre naturel, au droit naturel,
et par conséquent au droit positif, est donc aussi coupable du point
de vue judiciaire. La société exerce son droit de défense contre un
semblable malfaiteur qui répand la destruction et la mort, qui pro-
voque l'annihilation de l'être. »[281]

---

[280] In *Systèmes politiques et familiaux : Les royaumes,* dans *Encyclopædia Universalis.*
[281] In *La Philosophe bantoue, op. cit.*

Force est donc de remarquer que, chez les Bantous, la foi en l'Être Suprême est à la base de toutes les conceptions spirituelles.

> « Pareilles questions dépassent la description superficielle des pratiques coutumières. Elles ne sont pourtant pas vouées à demeurer sans réponse. La réponse est celle que feront invariablement tous les Bantous. Ce qu'on a nommé magie, animisme, mânisme ou dynamisme, bref toute la coutume des Bantous, repose sur un principe unique, la reconnaissance de la Nature Intime des êtres, c'est-à-dire sur le principe de leur Ontologie. Car c'est bien de ce terme philosophique qu'il y a lieu de désigner leur connaissance de l'être, de l'existence des choses. »[282]

Alors que, selon le prêtre dominicain sénégalais Benjamin Sombel Sarr, dans *Sorcellerie et univers religieux chrétien en Afrique*, la sorcellerie n'existerait que « dans l'imaginaire et le vécu de toutes les sociétés africaines », dans la mesure où elle serait « un phénomène commun à toutes [leurs] cultures ». Quant au philosophe et africaniste Ramsès L. Boa Thiémélé, dans l'ouvrage intitulé *La sorcellerie n'existe pas*, il a considéré ce phénomène comme « un mécanisme [ancestral] trouvé pour parler du mal et du négatif ». De toute évidence, comme l'a si bien rappelé l'anthropologue Gadou Dakouri dans *La sorcellerie, une réalité vivante en Afrique*, il faut avoir à l'esprit le fait que :

> « en Afrique, quels que soient les milieux sociaux, on croit au pouvoir de la parole maléfique, on la redoute et on cherche à s'en protéger, voire à s'en libérer quand on s'en estime victime. Car, pour beaucoup d'Africains, la sorcellerie permet de comprendre, d'expliquer, l'accumulation et la persistance des malheurs dans leur vie – échecs, chômage, stérilité, maladies, mort d'un proche –, de même que la violence et les conflits sociaux : "la persistance du malheur conduit à l'attribution quasi-automatique de l'infortune à la sorcellerie". »

Le philosophe et écrivain kenyan John Samuel Mbiti a insisté, dans *Religions et philosophies africaines*, sur le sens commun caractérisant le mieux la sorcellerie. Dans cet ouvrage traduit en français par Christiane Le fort, il a expliqué que :

---

[282] *Ibidem.*

L'univers n'est pas composé que d'êtres humains. Les êtres vivants ne sont pas tous palpables ou visibles. L'origine du mal, voire sa cause, n'est pas toujours due à un processus logique ou facilement maîtrisable. Les prières et les invocations à l'attention du Dieu Suprême, ainsi que des esprits et des défunts, tout phénomène qualifié de magie, de sorcellerie, d'envoûtement et de remèdes magiques constituent un recours capital. Elles permettent *de facto* de faire avec efficacité face à la force, à la vie puissante et à l'énergie vitale qui protègent des influences néfastes en mesure d'annihiler ou fragiliser l'existence humaine.

5.2 - La religion

Il est évident que la notion de croyances traditionnelles africaines a trait à l'ensemble des religions autochtones historiquement pratiquées en Afrique subsaharienne avant l'implantation chrétienne et la poussée islamique. La grande richesse des cultures africaines met en évidence la croyance en un Dieu unique, le culte des ancêtres et des esprits, le fait de croire en la réincarnation, ainsi que toute démarche à caractère initiatique.

Une formule de l'écrivain et poète français, le théoricien du surréalisme André Breton, dans l'ouvrage intitulé *L'art magique*, précise que :

« la magie suppose la protestation, voire la révolte, l'orgueil certes, aussi, du fait qu'elle admet pour principe que l'homme "dispose" et qu'elle lui octroie le droit de "punir", au besoin, ce qui est resté rebelle à ses ordres. La religion suppose au moins une grande part de résignation ; l'homme n'y attend rien que l'imploration et des pénitences qu'il s'impose. Son humilité est totale, puisqu'elle l'incite à rendre grâce de ses malheurs mêmes à la puissance qui a refusé de l'exaucer. »

L'homogénéité entre les nombreuses cultures et les mythologies des peuples bantouphones réside, entre autres, dans la croyance selon laquelle Dieu Suprême se situe bien au-dessus de la terre. Comme le culte de « Nzambi a mpungu », c'est-à-dire le Dieu Suprême, n'a ni formalisme ni autel, la prière et l'invocation ne sont effectuées que dans des situations extrêmes.

> « La force, la vie puissante, l'énergie vitale sont l'objet des prières et des invocations à Dieu, aux esprits et aux défunts, ainsi que de tout ce qu'on est convenu de nommer "magie", "divination" et "remèdes magiques" ou plutôt des forces raffermissements de la nature. Eux-mêmes diront qu'ils s'adressent au "devin" pour apprendre "des paroles de vie", qu'il enseigne la manière de renforcer la vie. Dans chaque langage bantou on découvrira facilement des mots ou locutions désignant une force, qui n'est pas exclusivement "corporelle", mais "totalement humaine". Ils parlent de la force de notre être entier, de toute notre vie. Leurs paroles désignent "l'intégrité" de l'être. Le *bwanga* (ce qu'on traduit par remède magique) ne doit pas nécessairement, d'après eux, être appliqué ou collé à la plaie ou au membre malade. Il n'a pas en premier lieu un effet thérapeutique local, mais il renforce, il augmente directement la force vitale, ou l'être même. »[283]

Perçu surtout comme le « non créé » et démuni de toute forme, le Dieu Suprême n'est l'objet d'aucune représentation physique. Par conséquent, le fait de le représenter, sous n'importe quelle forme, constituerait un véritable sacrilège. On le loue à la fin de chaque rituel, car il règne, à distance, sous l'eau et dans la savane, au ciel comme sur terre. Il est donc le commencement et la fin de tout. *Alpha et oméga !*

Mais, s'agissant de la grande majorité en la manière, les Européens ont considéré les religions traditionnelles africaines (RTA) comme une forme inférieure de croyance[284]. Ils ont préféré leur dénier la qualité de religion[285] et les ont péjorativement qualifiées sous les vocables d'« animisme »[286], de « paganisme », de « fétichisme » ou de « vau-

---

[283] *Ibidem*, p. 29.

[284] In *La chanson de Lawino*, Okot P'Bitek, Présence africaine, Paris, 1965.

[285] In *Histoire de l'humanité*, Collectif, vol. 4 : 600 – 1492, Unesco, coll. « Histoire plurielle », 2008.

[286] Ce concept est dû à l'anthropologue britannique Edward Tylor dans *Primitive Culture*, paru

dou ». Des carences, ou des infériorités, qu'il fallait absolument éradiquer. Toutefois,

> « dans sa *Philosophie Bantoue*, le Père Tempels a montré clairement que l'animisme bantou était bien, dans le sens le plus complet du terme, un *humanisme*, même s'il n'était pas affublé de très abstraites théories sur l'universalité de la nature humaine qui n'ont d'ailleurs pas empêché l'Europe d'inférioriser le reste du monde. L'Afrique précoloniale n'avait rien d'une espèce de champ clos, où des tribus de primates sanguinaires s'entre-dévoraient à belles dents. C'est au pouvoir colonial que revient la gloire d'avoir durci les antagonismes propres à tout amalgame de sociétés, d'avoir disloqué les grandes entités ethniques, vidé les traditions sociales et juridiques de leur contenu et contraint le Congolais à se replier sur des cellules atrophiées, soigneusement cloisonnées par les conquérants. »[287]

Chez l'animiste bantou, la nature est intimement liée à l'individu par la religion. Elle est régie par des âmes ou esprits, analogues à la volonté humaine.

Pour l'anthropologue français Étienne Le Roy, l'apport de l'animisme tient surtout à trois caractéristiques principales. Celles-ci concernent le primat de l'endogenèse, le pluralisme inhérent à la mise en forme du chaos initial, ainsi que la cohérence associée à la constante circulation des énergies et aux échanges entre ces différents mondes. De ce fait,

> « la pensée animiste ignore la grande démarcation entre visible et invisible, vie et mort, qui partage d'autres cultures. Et c'est pour cette raison que je tiens l'animisme pour la quintessence de la religion, bien plus que le monothéisme, si on prend l'étymologie du mot *religio*, ce qui nous relie aux origines du monde, selon une relation qui ici n'a jamais été considérée comme coupée et qui fait de l'homme l'acteur central de cette création continue et où il apparaît beaucoup plus responsable que dans ces visions du monde où ini-

---

à Londres en 1871. Il renvoie, dans l'esprit des Occidentaux, à des approches anthropologiques. En fait, il fut créé historiquement pour distinguer des croyances et des pratiques ne correspondant pas aux paradigmes des religions dites universalistes.

[287] In *Le Congo en question*, Roger Verbeek, Présence africaine, Paris, 1965.

tiative et sanctions viennent de l'extérieur, de Dieu ou de l'État. »[288]

Subsistent donc deux types de sociétés animistes : les sociétés animistes monothéistes, lesquelles croient en une âme unique qui habite les objets et en un Dieu créateur irremplaçable, ainsi que les sociétés animistes polythéistes croyant en une âme, qui agit dans chaque objet, et en plusieurs dieux. Dans une telle configuration, certaines divinités détiennent un pouvoir croissant par rapport à d'autres considérées comme inférieures. Ainsi les totems servent-ils forcément de lien symbolique entre la nature et le sacré.

Chez les Bakongo, le combat pour la décolonisation a abouti à l'avènement des bangunza (ngunza au singulier). Les « bangunza ya nzambe » sont considérés, par le commun des mortels, comme des prophètes. Le substantif « ngunza », à savoir le guérisseur, émane en kikongo de « ngu », c'est-à-dire « vibration fondamentale » et de « nza », à savoir plan manifesté de l'évolution humaine. Par conséquent, le mot « ngunza » signifie étymologiquement vibration spirituelle fondamentale sur le plan manifesté. Articule-t-il, sous l'angle médiatique, la volonté divine ?

Ainsi les prophètes Simon Kimbangu, André Matsoua et Simão Gonçalves Toko se sont-ils révoltés contre l'oppression coloniale par des revendications à la fois politiques, culturelles et mystiques. Le messianisme, congolais et angolais, a *de facto* renforcé la mouvance philosophique et identitaire favorable à l'indépendance au regard du système colonial.

> « "[...] Ici, la culture déjà ancrée du Dieu unique a facilité le travail des missionnaires, qui ont diabolisé tout le reste, [éclaira] Corto Vaclav. Sauf qu'ils ont fait grandir le diable plus que Dieu. La diabolisation des pratiques traditionnelles a répandu l'idée d'un diable omniprésent." Et les assauts contre le panthéisme, combattu au nom de la suprématie du royaume des cieux sur le monde terrestre, ont ouvert la voie aux saccages de la nature. »[289]

---

[288] In *Éloge de l'animisme*, Étienne Le Roy, Contribution au « Samedi de REGARDS » du 6 novembre 2010 sur le thème *Altérité* et *spiritualité*.

[289] In *« Kongo », la chasse au mystique*, Julien Gester, *Libération* du 7 et 8 mars 2020.

Comme avec le nganga, on recourt au ngunza sur le plan spirituel en vue d'une éventuelle guérison.

> « Dès qu'on ne peut pas régler un problème dans le visible, on appelle à l'invisible, comme à une interface à toutes sortes de problèmes. »[290]

Le kimbanguisme, le matsouanisme et le tokoïsme ont permis aux personnages inspirés, charismatiques, souvent d'anciens catéchistes, sacristains, interprètes ou domestiques des missions généralement protestantes, parfois catholiques, de s'adonner à l'évangélisation. Ils ont prêché dans l'ordre la révolte divine contre les abus des puissants et enseigné la parole libératrice dans les colonies de l'ancien Congo belge, dans une certaine partie du Sud de l'ex-Congo français et dans quelques régions de l'Angola[291].

5.3 - La conception universelle

Pour les Bantous, la conception du monde est anthropocentrique. Selon le philosophe et écrivain John Samuel Mbiti, tout est considéré en termes de rapport avec l'être humain en fonction des cinq niveaux ou catégories relationnelles :
– Dieu en tant qu'explication ultime de l'origine de la substance de l'être humain et de toutes les choses ;
– les esprits, considérés comme étant les faits d'êtres surhumains et de personnes mortes bien longtemps ;
– l'Homme en tant que représentation des vivants et des individus qui sont sur le point de naître ;
– les animaux et les plantes, ou l'ensemble de la vie biologique ;
– les phénomènes et les objets qui ne participent pas à cette existence biologique.

Ainsi Dieu demeure-t-il, en termes anthropocentriques, le Créateur qui nourrit l'Homme. Quant aux esprits, ils expliquent la destinée de l'être humain. Ce dernier constitue donc le facteur central. Les ani-

---

[290] *Ibidem.*

[291] Lire *Les figures marquantes de l'Afrique subsaharienne - 3, op. cit.* ? pp. 101-114.

maux, les plantes, les phénomènes naturels et les objets représentent l'univers dans lequel l'individu évolue ; ils lui permettent d'exister.

Pour mieux illustrer ce qui vient d'être évoqué *supra*, Olivier Bain s'est appuyé sur une cosmogonie recueillie auprès des Bantous du Kasaï en République Démocratique du Congo :

> « au commencement de Toutes les Choses, l'Esprit Aîné, Maweja Nangila, le premier, l'aîné et le grand seigneur de tous les Esprits qui apparurent par la suite, se manifesta, seul, et de par soi-même. Puis il créa les Esprits. Il les créa par une métamorphose de sa propre personne, en [l'ayant divisée] magiquement, et sans [rien en perdre]. C'est pourquoi les Esprits participent de la nature divine de Maweja Nangila ».

Le monde des esprits, des génies et des ancêtres primordiaux est plus proche de la société humaine que de l'univers proprement divin. De plus, il existe de bons et de mauvais esprits. Dans la cosmogonie bantoue, peut-on préciser, le bien et le mal sont dus intrinsèquement au fait que les ancêtres reculés restent toujours sujets aux diverses passions humaines, à la colère, à la rancune, à la vengeance, à l'amour… Cela explique d'ailleurs l'importance des sacrifices, des rites, des cérémonies pour apaiser leur colère, obtenir leur bénédiction, protection, amour, secours.

> « Peut être défini comme bon, ce qui accroît la force, et comme mauvais, ce qui l'affaiblit. Tempels [disait] qu'au fond, c'[était] cela le christianisme premier. »[292]

Les morts sont en effet considérés comme puissants et lumineux, en bien et en mal. Ils se rapprochent avec le temps des ancêtres primordiaux et des génies. Les morts habitent leur monde à eux, un hameau mystérieux où ils se livrent à toutes les occupations relatives à leur existence terrestre. Ainsi les Maîtres des Initiés (nganga), c'est-à-dire les gens éveillés, servent-ils de relais, ou de canal médiumnique, entre les vivants, les esprits et les morts. Cela renvoie naturellement, selon les

---

[292] In *Senghor et la question qui se pose toujours*, Souleymane Bachir Diagne et Nadia Yala Kisukidi, dans *ThéoRèmes*, 2013.

Bantous, aux six étapes du cycle de l'existence humaine :
- l'enfant dans le ventre de la mère, où il n'est encore que du sang, les nganga ayant d'ores et déjà été consultés pour préserver la vie fœtale ;
- de la première enfance jusqu'à l'apparition des premières dents, le nouveau-né étant eau, même si l'on décèle en lui un ancêtre lignager revenu sur terre, il n'a encore aucune signification sociale précise[293] ;
- dans la période d'enfance proprement dite, l'enfant évolue de l'obscurité à la lumière de la vie adulte, l'accès au statut d'Homme se faisant par des rites initiatiques de la puberté ;
- l'activité sexuelle élève au rang de *muntu*[294], c'est-à-dire un être capable d'assumer le mariage pour perpétuer la vie des Ancêtres-fondateurs du lignage et du clan ;
- à la vieillesse, l'individu devenu sage maîtrise enfin les traditions orales, l'histoire clanique, en tant qu'Aîné, fort de sa grande expérience des choses humaines ;
- à sa mort, le *muntu* atteint la dimension de dieu-ancêtre, intermédiaire spirituel entre les humains et le « Nzambi a mpungu », à savoir le Dieu Suprême.

Selon le Révérend Père Placide Tempels, chez les Bantous,

> « la force d'un enfant garde un lien avec celle de ses parents (et avec celle de tous ses ascendants), un rapport ontologique intime, comparable au lien de causalité qui relie la créature au Créateur. Même lorsqu'une personne est décédée, sa force perdure. Il existe une forte hiérarchie entre les forces. Une force peut s'exercer sur toutes les forces inférieures (descendants, animales, minérales). La sagesse bantoue correspond à la connaissance de ces forces, mais seule la sagesse divine les connaît toutes.
>
> » […] ce que les colonisateurs voyaient comme des croyances surnaturelles et magiques, se révèle selon la philosophie bantoue décrite, comme une expression parfaitement naturelle et logique d'une vision de la vie basée sur les forces. »

---

[293] Le cordon ombilical fait l'objet de traitements rituels spécifiques, dans la mesure où il est le lien vital qui rattache le nouveau-né au lignage, donc au clan.

[294] Une personne accomplie.

La vénération des morts joue donc un rôle prépondérant. Outre le fait que les esprits des morts continuent à errer dans le monde et peuvent influencer les vivants, cette existence spirituelle n'est généralement pas considérée comme éternelle. En effet, dans la spiritualité bantoue, les esprits des morts vivent, comme les forces de l'esprit, aussi longtemps que l'on se souvient d'eux. Ils communiquent avec les vivants de différentes manières, par exemple au travers des rêves, des présages ou par le biais de devins.

L'arbre ne s'élève qu'en enfonçant ses racines dans la terre nourricière, a rappelé de manière judicieuse l'écrivain et poète sénégalais Birago Diop. Les Bantous, qui ont inhumainement été réduits en esclavage et exportés au Brésil, avaient su conserver les chants et les prières en langues chimbundo, kikongo, umbundu et autres. De nos jours, les divinités bantoues les plus vénérées dans les territoires du candomblé au Brésil sont nombreuses : Pambu Njila, Nkosi, Katende, Mutalambô, Nsumbu, Kindembu, Nzazi, Hongolo, Matamba, Ndanda, Lunda, Mikaia, Nzumba, Nkasute Lemba, Lembardecega…

VI – La conception coloniale et postcoloniale

Le colonialisme représentait, selon l'expression du communiste et syndicaliste français Jacques Duclos, « cette honte du XXe siècle ». Pour l'écrivain et homme politique martiniquais Aimé Césaire, la colonisation, loin d'avoir été une « œuvre civilisatrice », a au contraire décivilisé les colonisateurs. En plus, a-t-il indiqué,

> « il faudrait d'abord étudier comment la colonisation [a travaillé] à déciviliser les colonisateurs, à l'abrutir au sens propre du mot, à le dégrader, à le réveiller aux instincts enfouis, à la convoitise, à la violence, à la haine raciale, au relativisme moral. »[295]

Les prises de position d'hier, confrontées à celles d'aujourd'hui, ne pourront que permettre de reléguer, à jamais, aux oubliettes une série de mythes séculaires très longtemps véhiculés par une mentalité colonialiste aux relents esclavagistes et racistes. Il faudra donc s'atteler à une nouvelle réflexion, sur les réalités bantoues, en vue du cheminement socioculturel et politique davantage spirituel et humaniste. Comme la civilisation africaine fait partie intégrante de l'universalité, sa contribution devra forcément avoir vocation à supplanter le néocolonialisme pour se situer au même rang, se mettre au même diapason, que les apports d'autres cultures.

---

[295] In *Figures de la révolution africaine*, Saïd Bouamama, La Découverte, Paris, 2014.

6.1 - Le souci de catégorisation

D'aucuns soutiennent que, dans son acception générale, le terme même de « bantou » est une pure création de linguistes coloniaux en proie à la condescendance et au paternalisme irresponsable. Cette trouvaille a été avant tout forgée pour des besoins de curiosité qui n'avait aucun lien avec la classification proprement dite des langues africaines. L'archéologie s'est ensuite greffée à ces recherches, a précisé le professeur et archéologue camerounais Augustin Holl. Les études sur la génétique et sur les paléoenvironnements ont pris le relais, à la suite de l'approche ethno-psychiatrique de l'ethnologue, philosophe et psychanalyste français Octave Mannoni[296]. Toutes ces disciplines ont couvert à dessein, dans l'esprit de certains pionniers de la catégorisation, une démarche scientifique qui, en fait, masquait le but initial : l'auscultation de l'espèce humaine à la peau noire en vue de sa meilleure compréhension et de son esclavagisation, voire de sa domestication. Les aspects psychologiques et le concept ont donc primé, par rapport aux processus et structures mathématiques ou techniques. Plus explicitement, la catégorisation ethnique avait pris le dessus sur la classification linguistique.

> « Pendant toute l'époque coloniale, on retrouve le [...] souci de classification des esclaves africains dans les récits de voyage au Brésil, comme dans les écrits des missionnaires catholiques. Ainsi, au XVIIIe siècle, le Père Antonil (1976) écrivait que, "puisque les esclaves [appartenaient] à des nations distinctes, les unes plus sauvages des autres… ils [étaient] aussi somatiquement différents", il [convenait] de les choisir avec soin. Chacun avait sa spécialisation : les Arda et les Mina étaient robustes, ceux du Cap-Vert plus faibles, les [Kongo] bons pour les travaux des champs comme pour les travaux domestiques. »[297]

Un siècle plus tard, cette coutume qu'évoquait le jésuite italien João Antonio Andreoni connu de tous sous l'appellation de père Antonil, laquelle avait consisté à classer par catégorie ou par espèce, à l'instar d'un entomologiste, les esclaves selon leurs capacités physiques et qualités morales, ne serait guère abandonnée. Dans *Voyage en Chine* paru en 1853, Charles Hubert Lavollée

---

[296] In *Psychologie de la colonisation*, Octave Mannoni, Seuil, Paris, 1950.
[297] In *Entre Yoruba et bantou*, Stefania Capone, dans *Cahiers d'Études Africaines*, n° 157, 2000.

avait noté que les esclavagistes, notamment les propriétaires des plantations, avaient une préférence pour les captifs angolais. Cet auteur avait précisé que :

> « les Noirs, comme les chevaux, [étaient] classifiés selon leur race, car chacune [présentait] ses qualités particulières et sa cotation sur le marché. »[298]

Pour l'ethnologue et anthropologue cubain Fernando Ortiz, à propos de la particularité des esclaves noirs, l'origine du produit humain du type africain proposé comptait énormément dans la transaction :

> « pour un acheteur, ce n'était pas la même chose, au niveau psychologique, un Lucumí (Yoruba), un [Kongo] ou un Mandinga. »[299]

La labellisation était donc la meilleure garantie, pour l'écoulement de la marchandise. Les différentes catégorisations des populations africaines, pendant l'époque de la traite, se basaient en fait sur l'opposition entre cultes « purs » et cultes « dégénérés ». Celle-ci avait trouvé ses racines dans les stéréotypes raciaux qui structuraient les rapports entre maîtres et tenaient d'une hiérarchisation de cultures, ainsi que de civilisations. On avait décrété que les peuples africains, dont les « qualités » intrinsèques étaient plus ou moins valorisées, paraissaient davantage susceptibles de perfectionnement que d'autres.

Ainsi avait-on commencé à atténuer, à partir de 1906 au Brésil, l'idée selon laquelle le Noir était « réfractaire à la civilisation » et à affirmer une « échelle hiérarchique de culture et de perfectionnement » entre les différents peuples africains. Même si leur infériorité sociale n'était guère remise en question, d'après l'anthropologue brésilien Raimundo Nina Rodrigues, leur incapacité à pouvoir s'adapter à la civilisation était toutefois « organique et morphologique »[300]. Indépendamment de quelque doute sur leurs capacités intellectuelles, les Bantous de l'ethnie Kongo étaient en effet considérés, au regard de leur force physique, comme d'excellents esclaves des champs, tandis que les Yoruba étaient perçus comme de parfaits esclaves domestiques. Somme toute, les femmes blanches découvriraient chez les esclaves noirs, sans excep-

---

[298] In *No tempo das Sinházinhas*, Sergio Diogo Teixeira de Macedo, Rio de Janeiro, 1944, p. 78.

[299] In *Los Negros Esclavos*, Fernando Ortiz, La Habana, Editorial de ciencias sociales, 1975, p. 71.

[300] In *Entre Yoruba et Bantou, op. cit.*

tion, une qualité particulière. Évidemment, à en croire l'écrivain français Louis-Sébastien Mercier dans *Tableau de Paris*, elles se rendraient enfin compte qu'« un petit nègre aux dents blanches, aux lèvres épaisses, à la peau satinée [caressait] mieux qu'un épagneul et un angora ».

Dans le même ordre d'idées, le sociologue et anthropologue français Roger Bastide, en ce qui le concernait, avait préféré mettre l'accent sur la perméabilité des Bantous aux influences externes à sa culture d'origine. Les esclaves bantouphones étaient, paraît-il, plus enclins à un syncrétisme marqué par l'accumulation d'éléments hétéroclites. De plus, avait-il soutenu,

> « les Bantous [accordaient] plus de place à la magie que les Yoruba dans l'activité de leurs candomblés[301] »[302].

Plus explicitement, les Bantous du groupe ethnique Kongo s'adonnaient davantage à la sorcellerie alors que les Yoruba se consacraient à la religion. Ainsi Roger Bastide avait-il opposé, avec la certitude d'un scientifique exorciste, les sorciers Bantous de l'ethnie Kongo, qui étaient donc censés être plus ouverts à l'influence des Blancs, aux religieux Yoruba qui étaient restés attachés à leurs traditions ancestrales. L'esprit d'ouverture pour les premiers et l'hermétisme pour les seconds, telle avait été la schématique vision de l'époque.

> « C'[était] vers la sorcellerie que s'[orientait] aussi l'évolution des sectes bantoues de Cuba [...] témoignage du processus, [...] déjà trouvé à Haïti, d'une religion qui [devenait] magie noire »[303].

Champions de la « magie noire », tel avait donc été le dogme qui avait généralement prévalu dans les études à propos des populations bantoues du groupe ethnique Kongo exportés vers Amérique. Pis encore, le semblant d'ignorance fondamentale sur l'appartenance des ethnies Yoruba et Kongo à une même famille linguistique avait bien masqué la démarche

---

[301] Fondé sur la croyance en l'existence d'une âme propre à la nature, le candomblé fut introduit au Brésil par les esclaves importés en Amérique latine par le biais de la traite des Noirs entre 1549 et 1888.

[302] In *Les religions africaines au Brésil : vers une sociologie des interpénétrations de civilisations*, Roger Bastide, PUF, Paris, (1ère édition 1960), 2ème édition 1995, p. 391.

[303] *Ibidem*, pp. 118-119.

initiale à propos de la comparaison de type des populations sur une base purement ethnique.

Ces différentes catégorisations et interprétations diverses ont été le fruit de l'imagination bien souvent au service d'une démarche humiliante, voire raciste, de la part de certains sociologues et anthropologues occidentaux. Sous une forme d'anthropomorphisme attribué aux esclaves bantous qui étaient déportés outre-Atlantique, ainsi qu'aux individus bantouphones qui étaient restés en Afrique, elles relevaient de l'interprétation d'autrui. Ainsi étaient-elles simplement subjectives, voire fallacieuses. De la pire ineptie.

6.2 - La fin de l'Afrique traditionnelle

De toute évidence, la colonisation par des Européens des paysans africains, qu'avaient renforcée les conclusions de la Conférence de Berlin à la clôture de ses travaux en 1885, a beaucoup joué dans la fin de la Grande migration des populations bantouphones jadis occasionnée par la désertification, les guerres régionales et la recherche des pâturages. Ainsi, au XIXe siècle, les Allemands, qui prenaient possession de leur nouveau protectorat du Cameroun, avaient observé les mouvements migratoires des tribus bantoues (Béti, Bassa, Bafia). Ces populations fuyaient le territoire de hauts plateaux, situé au Sud du lac Tchad correspondant de nos jours à la région d'Adamaoua. Elles étaient pourchassées par des guerriers Haoussa, c'est-à-dire des Peuls, qui appartenaient à l'empire de Sokoto dans le Nord de l'actuel Nigeria. Les colons allemands avaient donc mis fin à la migration vers le Sud de ces Bantouphones. Ils les avaient fixés, *de facto*, sur les rives du fleuve Sanaga, dans le territoire devenu aujourd'hui Mbam.

Dans le Sud du continent africain, les Boers avaient fini, lors de leur progression vers 1775, par croiser sur leur chemin les populations bantouphones. La série de conflits, laquelle avait duré entre 1779 et 1780, avait débouché sur la première « guerre cafre »[304]. Celle-ci avait pris fin grâce à l'accord conclu avec les Bantous, compte tenu de l'état alarmant de la situation financière de la *Compagnie des Indes*. Cette conciliation avait donc fixé la frontière à la *Great Fish River*.

---

[304] Les Cafres étant les Xhosas.

En 1913, le *Natives Land Act*[305] avait interdit aux Noirs d'Afrique du Sud d'acheter, louer ou exploiter des terres en dehors des « réserves » que l'on appellerait plus tard bantoustans (ou homelands). Plus de 90 % des terres avaient ainsi été réservées à la minorité blanche.

Les exemples, montrant la fixation forcée qui avait été imposée par des puissances colonisatrices à des populations bantoues dans des aires bien déterminées et l'obligation d'abandonner les cultures animistes au profit du christianisme, sont donc légion. L'Afrique traditionnelle a pris d'une manière ou d'une autre fin pendant la période coloniale, vers le dernier quart du XIX⁰ siècle. Ce fait a en même temps rendu caduque tout un fonctionnement en matière de gouvernance, comme la palabre en tant qu'« espace public » selon le théoricien allemand en philosophie et en sciences sociales Jürgen Habermas, ou alors comme « espace participatif ». Cette pratique traditionnelle, axée sur le consensus, a toujours privilégié la recherche d'une solution à tout problème. Pour le professeur Fweley Diangituka, cité par le professeur Nafy-Nathalie, avant la période coloniale,

> « le but initial de la palabre [était] de parvenir à une solution concertée sans pénaliser l'une ou l'autre partie, tout en préservant les relations sociales. C'[était] une institution qui [possédait] un règlement non écrit qui [devait] être observé par tous. Elle [servait] à traiter les litiges de manière traditionnelle en s'imprégnant des faits sociaux de la communauté. »[306]

Le professeur Fweley Diangituka a rappelé effectivement que :

> « la palabre [était] ce lieu traditionnel de rassemblement à l'ombre duquel les citoyens s'[exprimaient] librement sur la vie en société, sur les problèmes du village, sur la politique à mener et sur l'avenir. C'[était] un mode ancestral de résolution et de règlement de litiges. C'[était] aussi une école de la vie, car les enfants [venaient] écouter des histoires racon-

---

[305] Ultérieurement appelé *Bantu Land Act*, 1913 et *Black Land Act*, 1913, officiellement *Act N°. 27 of 1913*, cet acte du Parlement d'Afrique du Sud consistait à réguler les acquisitions de terres. Le *Natives Land Act* réservait 7 % du territoire aux populations noires. Il leur interdisait d'acquérir, ou de louer, de la terre ailleurs que dans les *scheduled native areas* qui devaient donner naissance, plus tard, aux bantoustans dans le cadre du système d'apartheid.

[306] In *De la palabre africaine à la démocratie ! En quoi la palabre africaine est-elle précurseur de nos démocraties contemporaines ?*, dans *Contrepoints, Le nivellement par les hauts*, 22 mai 2015, 2.

tées par un ancien du village. Les sociétés traditionnelles africaines puristes reposaient très largement sur la palabre comme mode de gouvernance ou de gestion des affaires publiques. Les acteurs venaient de différents horizons, et ils représentaient différents secteurs de la vie. »[307]

D'ailleurs, Léopold Sédar Senghor a précisé que « l'esprit de cette civilisation, enracinée dans la terre et le cœur des Noirs, [était] tendu vers le monde, êtres et choses, pour le comprendre, l'unifier et le manifester ». Mais, avec l'avènement de l'Afrique moderne soi-disant démocratique, le vote a sans cesse divisé la société entre gagnants et perdants, entre forts et faibles, entre riches et pauvres. Les dirigeants se sont vus obligés de trancher les litiges ou les différends, sans états d'âme, et non de rechercher le consensus en vue du maintien de l'équilibre ou de l'unité de la société.

6.3 - Le souhait d'un *statu quo ante*

Dans le cadre d'une politique de pillage et d'appropriation à moindres frais des matières premières, les puissances occidentales et non européennes, notamment asiatiques, n'ont cessé de s'activer au détriment des intérêts des populations africaines. Les néocolonialistes ont désormais adopté des méthodes moins violentes dans l'articulation de leurs initiatives pour poursuivre, sans éveiller l'attention, l'œuvre amorcée par les premiers capitalistes. En Afrique centrale, le lieutenant-général Émile Robert Janssens, commandant la Force publique congolaise pendant la période coloniale, n'a-t-il pas signifié par une inscription au tableau noir le 5 juillet 1960, soit cinq jours seulement après l'indépendance du Congo Belge, aux gradés de Léopoldville (Kinshasa) et de Thysville (Mbanza Ngungu) assemblés dans une salle de cours du camp Léopold que la situation après l'indépendance ne changeait rien à celle ayant prévalu avant l'indépendance ? Cet officier de l'armée belge savait très bien que son intransigeance provoquerait une rébellion. Il a sans doute supposé que le soulèvement armé permettrait une reprise en main par les forces métropolitaines encore présentes dans le territoire de l'ancienne colonie, cette toute jeune République Démocratique du Congo, pays complètement bantouphone.

---

[307] In *La lointaine origine de la gouvernance en Afrique : l'arbre à palabre*, Fweley Diangituka, *Revue gouvernance*, 2014, 1.

À l'instar du gouvernement belge, comme si cette ancienne colonie appartenait encore au Royaume de Belgique, le trublion général Janssens a préféré jouer le jeu du milieu affairiste européen. Il a effectivement témoigné le moindre respect pour la souveraineté du Congo-Kinshasa, ainsi que pour les représentants du gouvernement congolais, à cause d'énormes enjeux économiques, financiers et stratégiques. Pour la petite histoire, lorsque le roi Léopold II avait été forcé de remettre l'État Indépendant du Congo (EIC) à la Belgique, il avait murmuré : « J'espère qu'ils ne vont pas me le cochonner ! » En effet, géré directement depuis 1885 par le fils de Léopold de Saxe-Cobourg-Saalfeld (Léopold Ier) et de Louise d'Orléans, l'État indépendant du Congo était très souvent au cœur de débats enflammés entre Wallons et Flamands, ainsi qu'entre Belges et quelques milieux intellectuels du monde occidental. Les atrocités perpétrées par les compagnies coloniales sur le sol congolais étaient sans arrêt dénoncées. Elles faisaient l'objet de rapports et d'ouvrages, parmi lesquels figuraient le rapport Casement et le roman *Heart of Darkness* de l'écrivain polonais d'expression anglaise Joseph Conrad, qui avaient discrédité le monarque belge sur la scène internationale.

> « En effet, entre les années 1895 et 1900, l'État indépendant du Congo fut l'objet d'une campagne anticongolaise qui s'exprima par différents canaux ayant permis aux Belges d'apprendre la réalité de la situation en cours au cœur de l'Afrique. Le 28 décembre 1903, le diplomate et poète britannique Roger Casement remit au ministère du *Foreign Office* un dossier très compromettant. Dans ce document, il dénonça les atrocités systématiques que commettaient les agents du roi des Belges non seulement sur les sujets britanniques, mais aussi sur l'ensemble de la population autochtone. Ce rapport donna lieu à une note, laquelle fut envoyée officiellement les 11 et 12 février 1904 à l'administration de l'État indépendant du Congo et aux puissances signataires de l'Acte de Berlin. À la suite de cette communication et des preuves, ainsi que de l'indignation ayant animé la communauté internationale, Léopold II fut contraint d'accepter la nomination d'une Commission d'enquête dont les conclusions seraient sans équivoque. Ce document remarquable et exceptionnel dans le monde diplomatique, par sa qualité et son retentissement, fut donc à l'origine du traité de cession de l'État Indépendant du Congo par le Roi-Souverain de Belgique. »[308]

---

[308] In *Le regard africain sur l'Europe, op. cit.*, pp. 51-52.

En fin de compte, un an avant sa mort, le roi des Belges avait consenti à remettre au gouvernement de son pays l'immense territoire qu'il administrait à titre privé. De ce fait, le 15 novembre 1908, le Parlement de Belgique avait voté l'annexion du jeune État qui était enfin devenu une colonie. Après plus d'un demi-siècle, le général Janssens, à son retour en Belgique à la suite de la révolte des éléments de la Force publique congolaise, a convoqué les médias devant la statue équestre élevée en l'honneur de Léopold II à Bruxelles, non loin du Palais Royal. Il a déposé une gerbe et s'est écrié : « Sire, ils vous l'ont cochonné ! »

Cet exemple belge a bel et bien montré la volonté manifeste des anciennes puissances colonisatrices. Celles-ci s'appuient sur des discours pourtant philanthropiques, mais elles espèrent prolonger l'exploitation et poursuivre la politique de fragilisation des États africains. Les Occidentaux n'ont en réalité cessé de déstabiliser leurs anciennes colonies et d'entretenir la haine tribale, des guerres civiles… Officiellement pompiers, ils sont restés des pyromanes.

Épilogue

Sous la plume du romancier et journaliste angolais José Eduardo Agualusa, un prêtre du sacrifice nommé Hongolo raconta au pontife pernamboucain Francisco José de Santa Cruz, vers l'année 1620, l'anecdote du singe qui était manifestement très content d'avoir sauvé un poisson.

« Un singe se promenait dans la forêt. Il sautait d'un arbre à l'autre, lorsqu'il se trouva devant une lagune [...], et en la regardant entre peur et ravissement, car tous les singes ont peur de l'eau, il vit un poisson nageant dans la vase épaisse, près du bord. "Quelle horreur ! pensa le singe. Ce petit animal sans bras ni jambes est tombé à l'eau et il est en train de se noyer." Le singe, qui était un bon singe, se fit beaucoup de souci. Il voulait sauver le petit animal, mais la terreur l'en empêchait. À la fin, il s'arma de courage, plongea, attrapa le poisson et le tira vers le bord. Il réussit à se hisser sur la terre ferme et resta là, tout content, à regarder le poisson qui faisait des bonds. "J'ai fait une bonne action, pensa le singe, voyez comme il est heureux !" [...]

» Ce que je crains le plus, continua le quimbanda[309] [...], c'est que les poissons eux-mêmes commencent à croire les singes. »[310]

---

[309] La religion quimbanda, ou kimbanda, provient du kimbundo, une langue bantoue qui est parlée en Angola. Il s'agit d'une religion afro-brésilienne qui est un spiritisme reposant essentiellement sur les cultes animistes. Les animistes angolais, qui pratiquaient déjà le culte des ancêtres, en avaient même fait la base de leurs traditions. Ils n'ont pu qu'être attirés par un spiritisme qui non seulement intégrait la communication avec les morts mais en structurait leur monde selon une hiérarchie bien établie. Cette pratique est liée au « curandero » en cours en Angola, à propos de la communication avec l'Au-delà.

[310] In *La reine Ginga et comment les Africains ont inventé le monde*, José Eduardo Agualusa, traduit du portugais (Angola) par Danielle Schramm, Éditions Métaillé, Paris, 2017.

Un projet, parmi tant d'autres, a été planifié depuis un bon moment en vue de la déstabilisation de la partie orientale de la République Démocratique du Congo. En effet, dans la région du Kivu, les Banyamulenge[311], soutenus par le gouvernement rwandais avec la bénédiction de Paul Kagamé, ainsi que par des lobbyistes américains et britanniques, ont adopté la stratégie de revendication des droits fonciers. Ils souhaiteraient parvenir à une décentralisation – sur la base des droits des minorités – à finalité propre à l'autodétermination[312] au profit du Rwanda.

Combien de fois n'a-t-on pas recouru à un tel procédé, après avoir suscité des rivalités entre les communautés anglophones et francophones, dans l'optique d'aboutir à la partition du Cameroun ? Le Soudan a déjà fait les frais. Le Nigeria pourrait connaître le même sort. Existerait-il un projet de création d'un nouvel État qui engloberait une partie du Cameroun et du Nigeria ? Le négationnisme qui a tout à coup animé en février 2020 l'ancien président sud-africain, Frederik de Klerk, à propos de l'apartheid en tant que crime contre l'humanité, aurait de quoi faire retourner dans sa tombe le célèbre bantouphone Nelson Mandela. Ce semblant d'amnésie contribue-t-il à la stratégie en vue de la déstabilisation de l'Afrique du Sud en faveur d'un gouvernement dirigé par des Blancs dans un État complètement monocolore ?

Les enjeux fonciers et miniers sont considérables, surtout dans la région des Grands Lacs. Des forces négatives – vraisemblablement continentales mais bénéficiant du soutien invisible des puissances extracontinentales, notamment américaines et britanniques – excellent en Afrique subsaharienne en vue de la balkanisation d'un bon nombre d'États bantouphones. Au moment où elles s'activent, encore plus, les réactions patriotiques s'avèrent plus que jamais appropriées. En effet, la gravité de la situation nécessite une prise de conscience commune et une coalition interétatique. Celles-ci ne pourraient qu'être salutaires. De plus, elles pourraient venir à bout des initiatives fallacieuses que l'on ne cesse de développer à dessein dans le but de diviser pour mieux régner, de monter les uns contre les autres afin de faire main basse sur des portions des terres africaines et

---

[311] Littéralement « ceux qui viennent de Mulenge », une montagne de l'Itombwe qui est un secteur administratif du territoire de Mwenga dans le Sud-Kivu. Constituant un groupe rwandophone, notamment tutsi, ils se sont installés dans l'Est de la République Démocratique du Congo et vivent essentiellement dans les provinces du Nord-Kivu et Sud-Kivu, dans la zone proche de la frontière avec le Burundi.

[312] Principe inscrit dans la Charte des Nations Unies, selon lequel tout peuple a le droit de déterminer son propre gouvernement, indépendamment de toute contrainte étrangère. Par extension, en droit international, cela concerne également les luttes et les mouvements de revendications qui se sont appuyés sur ce principe, particulièrement depuis la période de la décolonisation, après la seconde guerre mondiale.

d'obtenir les ressources minières à un prix le plus bas possible.

Pour le professeur Ernest Wamba dia Wamba,

> « on peut se demander si la fabrication intellectuelle de l'histoire, telle qu'on la pratique dans l'Afrique d'aujourd'hui, est une véritable réflexion sur les conditions sociales des luttes pour l'autodétermination, l'auto-émancipation, c'est-à-dire pour la transformation concomitante des circonstances existantes et des identités […] des peuples africains. »[313]

Effectivement, comme l'a si bien souligné l'historien Pierre Vilar, « les racines du passé doivent être éclairées rétrospectivement […] »[314]. Or, la rétroactivité au regard de l'Histoire n'étant pas récurrente,

> « la distinction significative est celle qui existe entre histoire morte et histoire vivante, et non entre celle qui pourrait exister entre l'histoire sans preuves et l'histoire sanctionnée et rectifiée »[315].

Ainsi, dès lors que la Charte africaine ne définit pas *in abstracto* le sens du terme « peuple »[316], on doit sérieusement s'interroger sur les véritables motivations de certains États africains dans l'organisation sociale, ou alors dans sa réorganisation, et dans la transformation des identités. En la matière, le silence de la Charte africaine encourage *a priori* toute interprétation favorable à l'exploitation des virtualités qui, comme au Soudan[317], puissent permettre la reconfiguration étatique. Cela risque donc de provoquer, à

---

[313] In *L'autodétermination des peuples et le statut de l'histoire*, dans *Histoire du néocolonialisme ou histoire néo-coloniale ? L'autodétermination et l'Histoire en Afrique*, Tanzanie, 1984, p. 20.

[314] In *L'Histoire et les sciences*, Pierre Raymond, François Maspero, col. Algorithme, Paris, 1975, p. 43.

[315] *Ibidem.*

[316] Les rédacteurs avaient estimé que « la forme rédactionnelle relativement simple des articles [ayant été] conçue ainsi pour permettre une certaine souplesse dans l'application et l'interprétation ultérieure par les futurs utilisateurs de l'instrument juridique, le soin étant laissé aux organes de protection des droits de l'Homme, de compléter la Charte ».

[317] L'accord de paix fut signé à Naivasha, au Kenya, le 9 janvier 2005. Il accorda au Soudan du Sud une large autonomie pendant six ans, période au bout de laquelle les habitants de la région devraient être conviés à un référendum d'autodétermination. John Garang, qui devint vice-président de la République du Soudan, mourrait six mois plus tard dans un accident d'hélicoptère. Il serait remplacé par Salva Kiir.
L'indépendance de la partie Sud du Soudan, laquelle avait été souhaitée par la majorité de la

court ou moyen terme, le démembrement, ni plus ni moins, des pays comme la République Démocratique du Congo, le Cameroun, le Nigeria, le Tchad, le Mali, le Niger, l'Angola, la Namibie, le Zimbabwe, l'Afrique du Sud…

Au Rwanda, pays très majoritairement bantouphone (Hutus et Twas), la puissance anglo-saxonne, sous la houlette de William Jefferson Clinton (dit Bill) et d'Anthony Charles Lynton Blair (alias Tony), a beaucoup contribué à l'avènement de la minorité tutsie au pouvoir à Kigali à l'issue d'un génocide commis en 1994 dont les metteurs en scène n'auraient pas été forcément ceux que l'on croyait, selon les thèses soutenues par les journalistes Pierre Péan et Charles Onana. D'aucuns ne veulent retenir, a-t-on l'impression, les leçons du passé, surtout les erreurs de l'administration coloniale belge qui ont tristement démontré que les conséquences de la gestion d'une majorité par une minorité ont sans cesse été dramatiques. Le bon sens a toujours voulu que la majorité protège les droits de la minorité, et non l'inverse.

> « Quoiqu'elle s'en défende, la Belgique [avait] longtemps projeté sur le Rwanda et le Burundi ses propres passions : tout au long de face-à-face entre Hutus et Tutsis, elle s'[était] obstinée à lire des fragments de sa propre histoire. Au Zaïre [République Démocratique du Congo], où la Belgique coloniale avait si minutieusement classé les peuples, trente années d'indépendance avaient réussi à susciter un sentiment d'identité nationale. Mais voilà [que] le pouvoir mobutiste à bout de souffle [joua] sur la crainte du chaos, et [manipula] à son tour les réflexes identitaires.
> Décolonisation, manipulations de l'ethnicité, révisionnisme, projections de passions nées ailleurs et qui [s'étaient greffées] sur les terreaux fragiles, concurrence entre les ethnicités européennes : les peuples d'Afrique centrale se [trouvaient] piégés dans des enjeux qui les [dépassaient] mais qui, pour le moins, [méritaient] réflexion. »[318]

L'hypothèse du démembrement des pays africains pourrait, mine de rien, se réaliser. Une telle finalité est tout à fait envisageable, compte tenu de l'implication de plus en plus accrue des puissances occidentales et asiatiques en Afrique subsaharienne. De plus, selon la recommandation 1201 adoptée le 1er février 1993 par l'assemblée parlementaire du Conseil de l'Europe, la minorité nationale concerne un groupe de personnes dans un État qui, bien entendu,

---

population de cette région, fut soutenue notamment par les États-Unis d'Amérique par le biais de leur Agence pour le développement international (USAID). Celle-ci était censée créer une banque centrale à Rumbek, ville principale de la région qui obtiendrait le statut d'État-nation.

[318] In *Terreur africaine – Burundi, Rwanda, Zaïre : les racines de la violence*, Colette Braeckman, Fayard, Paris, 1996, pp. 9-10, cité dans *Mais quelle crédibilité pour les Nations Unies au Kivu !*, Gaspard-Hubert Lonsi Koko, L'Atelier de l'Égrégore, Paris, 2019, p. 90.

« résident sur le territoire de cet État et en sont citoyens ; entretiennent des liens anciens, solides et durables avec cet État ; présentent des caractéristiques ethniques, culturelles, religieuses ou linguistiques spécifiques ; sont suffisamment représentatives, tout en étant moins nombreuses que le reste de la population de cet État ou d'une région de cet État ; sont animées de la volonté de préserver ensemble ce qui fait leur identité commune, notamment leur culture, leurs traditions, leur religion ou leur langue. »

Pourquoi ce dispositif n'a-t-il jamais été appliqué au Royaume de Belgique où Flamands et Wallons ont parfois du mal à cohabiter ? Cette coexistence, pourtant flagrante, semble satisfaire tout le monde, dès lors que rien ne porte préjudice ni à l'unité de la Belgique, ni aux intérêts des pays membres de l'Union européenne. Tout a été entrepris pour la réunification des Allemagne de l'Est et de l'Ouest. Tous les moyens ont été mobilisés afin de neutraliser l'hégémonie soviétique en Europe orientale, alors que, en Afrique subsaharienne, on a excellé dans le but de diviser le Soudan. On s'ingénie dans l'espoir de l'autodétermination de la région du Kivu et de son annexion au Rwanda de Paul Kagamé, le fervent protecteur des intérêts britanniques et américains dans la région des Grands Lacs. Dans l'optique de l'émergence d'un nouvel État, on tente de décrocher des pans de territoires du Nigeria et du Cameroun dans l'optique d'une fusion.

Les stratagèmes séparatistes ont tout osé, en République Démocratique du Congo. Ils ont permis aux groupuscules comme le RCD-Goma, le Congrès national pour la défense du peuple (CNDP), le Mouvement du 23 mars (M23)… de s'imposer sur la scène politique, ainsi que sur l'échiquier sous-régional, et de bénéficier de toute impunité malgré les crimes de guerre et crimes contre l'Humanité, les violations des droits fondamentaux de la personne, voire les exactions volontaires commises dans la très riche région du Kivu. Résultat ? Plus de 10 millions de morts. Génocide assuré, mais dont personne ne veut parler ! Force est donc de s'apercevoir que, si hier encore c'étaient les peuples colonisés qui avaient droit à l'autodétermination, de nos jours, le problème est en train d'être juridiquement transformé en implantation locale dans une région déterminée – l'objectif étant de parvenir dans le sens du droit romain, par toutes les manœuvres possibles, à l'*Uti possidetis*[319]. D'ailleurs, lors de la clôture le 31 décembre 2019 de sa visite dans le territoire de Beni au Nord-Kivu en République Démocratique du Congo, l'archevêque de Kinshasa, le cardinal Fridolin Ambongo, a affirmé que les massacres concouraient à un risque de balkanisation de l'ancienne colonie belge sur sa façade orientale. Il a en outre précisé que :

---

[319] Principe de l'intégrité territoriale et, en droit international, de l'intangibilité des frontières.

« c'[étaient] des actes réfléchis, planifiés… Le constat [montrait] clairement que l'objectif de tous ces comportements c'[était] la balkanisation de [la République Démocratique du Congo].

» Cela se [vérifiait] à travers le remplacement de la population déplacée par des populations généralement rwandophones ou ougandophones et cela se [compliquait].

» Il [appartenait au] gouvernement [congolais] de déployer son arsenal diplomatique pour convaincre les pays voisins, particulièrement l'Ouganda, le Rwanda et le Burundi, d'arrêter de déverser ces populations au Congo. »

Il faudrait surtout que les agresseurs de la République Démocratique du Congo rapatrient leurs ressortissants établis, illégalement et provisoirement, dans la région du Kivu et au-delà. Dans tous les cas de figure, est-ce un hasard si des espaces bantouphones sont de plus en plus exposés à d'éventuelles reconfigurations d'ordre à la fois géographique et géostratégique ? A-t-on peur, dans l'absolu, d'une émergence économique, politique et stratégique des Bantous, ainsi que de leur probable influence au regard du devenir de l'Humanité ? Il faudrait donc sortir dans un bref délai de l'impasse que les fervents partisans de la géopolitique néocolonisatrice veulent à tout prix imposer aux populations d'Afrique subsaharienne. Cette néo-coloniale et mortifère stratégie, si elle n'est pas collectivement combattue, avant tout par les Africains eux-mêmes, pourrait faire voler en éclats un bon nombre de pays. Comme l'insécurité prévaut toujours lorsqu'une minorité dirige une majorité, d'aucuns pensent sans arrêt à la création d'États nouveaux (c'est déjà le cas du Soudan) ou à l'indexation des régions à des pays existants (projet en cours dans l'Est de la République Démocratique du Congo), ainsi qu'à la fusion des territoires en un seul pays (cas de la planification et de son processus, à propos du Cameroun et du Nigeria).

« Quand la mémoire va chercher du bois mort, elle ramène le fagot qui lui plaît », a raconté Birago Diop dans *Les contes d'Amadou Coumba*. Rien n'est donc anodin, à propos des tristes événements qui sont planifiés à dessein en vue de la déstabilisation de quelques États bantouphones. La menace est réelle, beaucoup d'intérêts – financiers, fonciers et militaires – sont convergents et favorables aux potentats régionaux, ainsi qu'aux officines internationales. L'objectif déjà défini risque de devenir réalité si les gouvernements des pays d'Afrique subsaharienne ne constituent pas en urgence un front commun en vue de la stabilité et de l'intangibilité des frontières héritées de la décolonisation. Et ce ne sont pas du tout, loin de là, les forces onusiennes, transformées en agence de voyages pour touristes armés aux dires du président ougandais Yoweri Kaguta Museveni, qui éviteraient que le pire, c'est-à-dire l'irréparable, se produise. Bien au contraire…

Au-delà d'une initiative comme le Centre international des civilisations bantoues (Ciciba) en tant que « carrefour culturel » des peuples bantouphones susceptible de créer et de gérer une banque de données qui puissent rassembler des connaissances archéologiques, linguistiques, culturelles, artistiques ou médicales du point de vue traditionnel, il faudra obligatoirement faire émerger une Bantouphonie politique et économique. Dans le même ordre d'idées, les langues régionales comme le swahili, le lingala, le kikongo… devront aisément servir des vecteurs aux échanges commerciaux. Cette Bantouphonie devra être au service des populations africaines, sans pour autant ostraciser les minorités linguistiques. Cela permettra à plus de 50 % des populations bantouphones qui ne s'expriment ni en anglais, ni en français, de ne pas se sentir inférieures par rapport à l'élite. En effet,

> « il est temps de fonder une Bantouphonie pour récupérer les exclus du système d'éducation et construire une Afrique plus intégrée. Cela serait plus juste, en regard de l'exclusion et la discrimination que créent les langues étrangères. »[320]

La Francophonie et l'Anglophonie (Commonwealth) ont leur utilité, notamment dans le cadre des échanges internationaux et interafricains. La Bantouphonie devra toutefois être vitalisée pour éviter la dépendance sur les plans culturel, éducatif, social, économique et politique. S'impose donc une vraie prise de conscience africaine, en général, et, en particulier, bantouphone.

La conscience étant la perception chez l'Homme de sa propre existence et du monde qui l'entoure, un peuple qui ignore d'où il vient ne saura jamais où il va. Un peuple qui fait fi de son passé aura beaucoup de mal à maîtriser son présent. Un peuple qui méprise son Histoire sera incapable d'orienter son avenir sur des bases objectives et solides. Un peuple amnésique restera toujours crédule. Ayant été commercialisées, exportées comme des marchandises, réduites en état d'esclavage, colonisées, les populations bantoues, en Afrique et à travers le monde, doivent enfin se rendre compte que la malédiction de Canaan, ce fils de Cham, n'avait été qu'une pure invention pour justifier leur prétendue infériorité intellectuelle et leur dépendance vis-à-vis d'une quelconque civilisation naturellement prédatrice.

C'est en montant sur les épaules de Soundiata Keïta et de Chaka Zulu que les Bantous et leurs descendants resteraient à jamais libres. C'est en s'inspirant de Kimpa Vita

---

[320] In *Des systèmes de formation sous influence : Approche comparée du Cameroun et de la Guinée*, Valèse Mapto Kengne, *Revue internationale d'éducation de Sèvres*, p. 135-142, n° 20, décembre 1998.

et de *mbuya* Nehanda Charwe Nyakasikana, ainsi que de Manthatisi, qu'ils se feront respecter. C'est en ayant comme modèles les prophètes Simon Kimbangu, André Matsoua et William Wade Harris qu'ils deviendront spirituellement affranchis. C'est en prenant exemple sur Patrice Lumumba et Nelson Mandela qu'ils resteront enfin libres et réellement indépendants. La conscience bantoue doit effectivement susciter – au-delà de l'effort graduel des peuples bantouphones pour la conservation quasi permanente de leur identité psychobiologique et anthropologique –, ainsi que géographique, une vision socio-économique, politique et panafricaniste en mesure d'accompagner la géopolitique en cours et la géostratégie à venir.

Paris XVe, le 31 mars 2020, à 11 h 00, deuxième semaine
de confinement pour cause de coronavirus (COVID-19)

Bibliographie

– *Les figures marquantes de l'Afrique subsaharienne – 3*, Gaspard-Hubert Lonsi Koko, 3ème édition, L'Atelier de l'Égrégore, Paris, 2020 ;

– *Mais quelle crédibilité pour les Nations Unies au Kivu !* Gaspard-Hubert Lonsi Koko, L'Atelier de l'Égrégore, Paris, 2019 ;

– *Le regard africain sur l'Europe*, Gaspard-Hubert Lonsi Koko, L'Atelier de l'Égrégore, Paris, 2019 ;

– *Le rôle des classes nominales dans le fonctionnement des langues bantoues : les cas du kimbeembe, une variante du kikongo*, Michel Moukouyou Kimbouala, L'Harmattan, Paris, 2018 ;

– *La reine Ginga et comment les Africains ont inventé le monde*, José Eduardo Agualusa, traduit du portugais (Angola) par Danielle Schramm, Éditions Métaillé, Paris, 2017 ;

– *The Cambridge World History of Slavery,* Gareth Austin, *Vol. 4, AD 1804– AD*, 2016, New York, Cambridge University Press, 2017 ;

– *Mitterrand l'Africain ?*, Gaspard-Hubert Lonsi Koko, 2ème édition, L'Atelier de l'Égrégore, Paris, 2017 ;

– *Au pays des mille collines*, Gaspard-Hubert Lonsi Koko, L'Atelier de l'Égrégore, Paris, 2017 ;

– *Figures de la révolution africaine*, Saïd Bouamama, La Découverte, Paris, 2014 ;

– *Transformations of Slavery : A History of Slavery in Africa*, Paul E. Lovejoy, London, Cambridge University Press, 2012 ;

– *Traditions Orales du Congo-Brazzaville*, Valérie Beguet et Thierry Goguel d'Allondans, Téraèdre, Clamart, 2012 ;

– *Congo une histoire*, David Van Reybrouck, Actes Sud, 2012 ;

– *La sorcellerie, une réalité vivante en Afrique*, Gadou Dakouri, Éditions du CERAP, Abidjan, 2011 ;

– *Pouvoirs traditionnels et société Mbos*i, Joseph Itoua, Publibook, 2011 ;

– *As origens do Reino do Kôngo*, Patrício Batsikama, Mayamba Editora, Luanda, 2010 ;

– *La sorcellerie n'existe pa*s, Ramsès L. Boas Thiémélé, Éditions du CERAP, Abidjan, 2010 ;

– *Sorcellerie et univers religieux chrétien en Afriqu*e, Benjamin Sombel Sarr, L'Harmattan, Paris, 2008 ;

– *Le génocide voilé*, Tidiane N'Diaye, Gallimard, Paris, 2008 ;

– *The long term effects of Africa's slave trades*, Nathan Nunn, Harvard Library, 2008 ;

– *Atlas de l'Afrique : géopolitique du XXIe siècle*, Philippe Lemarchand, 4ème édition, Paris, Atlande, 2006 ;

– *Histoire millénaire des Africains en Asi*e, Runoko Rashidi, pp. 141-144. Col. Essais/Histoire des Diasporas, Éditions Monde Global, 2005 ;

– *Renouer avec ses racines. Chemins d'inculturation*, François Kabasele Lumbala, Paris, Karthala, Paris, 2005 ;

– *Afrikas Horn : Akten der Ersten Internationalen Littmann-Konferenz 2. bis 5.*, Walter Raunig, Mai 2002 in München, Otto Harrassowitz Verlag, 2005 ;

– *Histoire de l'esclavage. De l'Antiquité à nos jours*, Christian Delacampagne, Paris, Le livre de poche, 2002 ;

– *Histoire des agricultures du monde : du néolithique à la crise contemporaine*, Marcel Mazoyer et Laurence Roudart, Éditions du Seuil, Paris, 2002 ;

– *L'Afrique des grands lacs. Deux mille ans d'histoire*, Jean-Pierre Chrétien, Flammarion, coll. Champs, Paris, 2000 ;

– *Oriental Influences in Swahili : a study in language and culture contacts*, Abdulaziz Lodhi, Acta Universitatis Gothoburgensis, 2000 ;

– *L'Ancien Royaume du Congo et les Bakongo*, Raphaël Batsikama, L'Harmattan, Paris, 1999 ;

– *The History of the Atlantic slave trade, 1440-1870*, Hugh Thomas, Simon & Schuster, New York, 1997 ;

– *Les religions africaines au Brésil : vers une sociologie des interpénétrations de civilisation*s, Paris, Roger Bastide, PUF, Paris, (1ère édition

1960), 1995 ;

– *Les Traites négrières en Afrique*, François Renault et Serge Daget, Karthala, 1992 ;

– *Le tango*, Horacio Salas, col. Babel, Actes Sud, 1989 ;

– *La Civilisation Africaine*, Leo Frobenius, Le Rocher, Monaco, 1987 ;

– *Les Veines ouvertes de l'Amérique latine, une contre-histoire*, Eduardo Hughes Galeano, Éditions Plon, 1981 ;

– *Los Negros Esclavos*, Fernando Ortiz, La Habana, Editorial de ciencias sociales, 1975 ;

– *A Survey of East African History*, Bethwell Allan Ogot, East African Publishing House, 1974 ;

– *Les fondements spirituels du pouvoir au royaume de Loango*, Frank Hagenbucher-Sacripanti, ORSTOM, Paris, 1973 ;

– *A History of world civilizations*, Edward R. Tannenbaum, Guilford Dudley, Wiley, 1973 ;

– *Religions et philosophies africaines*, John Samuel Mbiti, traduction de Christiane Le Fort, Éditions Clé, collection Études et documents africain, Yaoundé, 1972 ;

– *European powers and South-East Africa*, Mabel V. Jackson Haight, Routledge & Kegan Paul, New York, 1967 ;

– *Kingdoms of the Savanna*, Jan Vansina, University of Wisconsin Press, 1966 ;

– *Descrição Histórica dos três Reinos do Congo*, Matamba e Angola, João António Cavazzi de Montecuccolo, vpl. I, Junta de Investigações do Ultramar, Lisboa, 1965 ;

– *La chanson de Lawino*, Okot, P'Bitek, Présence africaine, Paris, 1965 ;

– *Le Congo en question*, Roger Verbeek, Présence africaine, Paris, 1965 ;

– *Maza*, Eduardo dos Santos, Lisboa, Edição do autor, 1965 ;

– *Histoire de l'Afrique des origines à nos jours*, Robert et Marianne Cornevin, Paris, Petite Bibliothèque Payot, 1964 ;

– *L'art Ancien du Métal au Bas-Congo*, Robert L. Wannyn, Champles par Wavre, Éditions du Vieux Planquesaule, 1961 ;

– *L'art magique*, André Breton, PUF, Paris, 1957 ;

– *Psychologie de la colonisation*, Octave Mannoni, Seuil, Paris, 1950 ;

– *Manuel de linguistique bantoue*, Gaston Van Bulck, Librairie Falk fils, Bruxelles, 1949 ;

– *Lu philosophie Bantoue*, P. Placide Tempels, (Présence Africaine 3ème édition), Clé, Paris, 1945 ;

– *No tempo das Sinházinhas*, Sergio Diogo Teixeira de Macedo, Rio de Janeiro, 1944 ;

– *L'imaginaire*, Jean-Paul Sartre, Gallimard, Paris, 1940 ;

– *Les Noirs de l'Afrique*, Maurice Delafosse, Payot & Cie, Paris, 1922 ;

– *Voyage dans l'Ondoé et l'Ouzigona (Zangueabr)*, R. P. Étienne Baur, imprimerie Mougin-Rusand, Lyon, 1882.

Index des noms

– Bastide, Roger: 116, 116*n*.
– Batshuayi, Michy: 65.
– Batsikama Patrício: 17, 17*n*.
– Batsikama, Raphaël: 38, 39*n*.
– Bauër, Henry: 66.
– Baur, Étienne: 63.
– Beachey, Raymond Wendell: 63.
– Beauvais, Louis, Jacques: 67.
– Bechet, Sidney: 66.
– Beguet, Valérie: 38*n*.
– Beleza, Sandra: 28*n*.
– Belley, Jean-Baptiste: 66.
– Bellis, Gil: 56*n*.
– Bendel, G.: 81*n*.
– Benteke, Christian: 65.
– Bernès, Jean-Pierre: 59.
– Besse, Martial: 67.
– Bin Mohammed el Marjebi, Hamed (voir Tippo Tip): 53*n*.
– Blair, Anthony Charles Lynton (Tony): 126.
– Blandin, Noël: 64.
– Blank, Jonah: 52*n*.
– Bleek, Wilhelm: 69, 78.
– Blench, Roger: 76.
– Boa Thiémélé, Ramsès L.: 104.
– Boateng, Jérôme Agyenim: 65.
– Boli, Basile: 65.
– Bologne, Joseph (Chevalier de Saint George): 66.
– Bonaparte, Napoléon: 59.
– Bonds, Barry Lamar: 65.
– Bonkoro 1er (roi): 46.
– Boone, Sarah: 67.
– Borgès, Jorge Luis: 65.
– Bouamama, Saïd: 113*n*.

– Boykin, Otis Frank: 67.
– Braeckman, Colette: 126*n*.
– Breton, André: 105.
– Brooks, Charles B.: 67.
– Brown, James: 66.
– Burns, Jesse Louis, (Jesse Louis Jackson Sr., Jesse Jackson): 66.
– Burton, Richard Francis: 51*n*.
– Buenaventura, Yuri: 58.
– Bustamante, Carlo D.: 56n.

C

– Cáceres, Juan Carlos: 58-59.
– Cão, Diego: 81*n*.
– Capone, Stefania: 114*n*.
– Caracedo, Angel: 28*n*.
– Carver, George Washington: 67.
– Casement, Roger: 120.
– Cavazzi de Montecuccolo, João António: 39*n*.
– Césaire, Aimé: 66, 113.
– Chaka Zulu: 40, 129.
– Chamoiseau, Patrick: 66.
– Chanlatte, Antoine: 67.
– Cheriguen, Foudil: 12*n*.
– Chrétien, Jean-Pierre: 70*n*, 78*n*.
– Clerveaux, Augustin: 67.
– Clinton, William Jefferson (Bill): 126.
– Coles, Nathaniel Adams (Nat King Cole): 66.
– Colson, Elizabeth: 55*n*.
– Condé Maryse (née Maryse Liliane Appoline Boucolon): 66.
– Connah, James: 42.
– Conrad, Joseph: 120.

– Corippe (Flavius Cresconius Corippus) : 12*n*.
– Cornevin, Marianne : 16*n*, 39.
– Cornevin, Robert : 16*n*, 39.
– Coupland, Reginald : 62.

D

– D'Aragon, Aliénor : 49*n*.
– Da Silva Perreira, Eusebio : 65.
– Daget, Serge : 50*n*, 52.
– Dagoma, Seybah : 66.
– Dakouri, Gadou : 104.
– Damas, Léon-Gontran : 66.
– Dapper, Olivier : 15.
– Davis, Angela Yvonne : 66.
– Davis III, Miles Dewey : 66.
– Davy de La Pailleterie, Thomas Alexandre (le général Dumas) : 67.
– De Gabala, Hugues : 49*n*.
– De Goeje, Michael Jan : 12*n*.
– De Habsbourg, Charles (dit Charles Quint) : 50.
– De Heredia, Severiano : 66.
– De Klerk, Frederik : 124.
– De Lacerda e Almeida, Francisco José : 51, 51*n*.
– De Lucques, Laurent : 15.
– De Macedo, Sergio Diogo Teixeira : 115*n*.
– De Rubroeck, Guillaume : 49*n*.
– De Saxe-Cobourg-Saalfeld, Léopold (Léopold Ier) : 120.
– De Séville, Isidore : 12.
– De Slane (baron, William Mac Guckin) : 12*n*.

– Decret, François : 12*n*.
– Defrémery, Charles : 85*n*.
– Delacampagne, Christian : 47*n*.
– Delafosse, Maurice : 13, 14*n*, 21.
– Dembélé, Ousmane : 65.
– Deroy, Louis : 11.
– Désir, Harlem : 66.
– Dhu'l nun al-Misri : 60.
– Diagana, Stéphane : 66.
– Diagne, Raoul : 65.
– Diagne, Souleymane Bachir : 110*n*.
– Diangituka, Fweley : 118, 119*n*.
– Dieterlen, Germaine : 73.
– Diop, Birago : 112, 128.
– Diop, Cheikh Anta : 40, 70, 86-87.
– Diriye Abdulayi, Mohamed : 52*n*.
– D'Orléans, Louise : 120.
– Do Nascimento, Edson Arantes (Pelé) : 65.
– Dodds, Alfred Amédée : 67.
– Don Nanjira, Daniel : 11, 12*n*.
– Dos Santos, Eduardo : 39*n*.
– Dougueli, Georges : 64*n*.
– Dozy, Reinhart Pieter Anne : 12*n*.
– Du Bois, William Edward Burghardt : 66.
– Duclos, Jacques : 113.
– Dudley, Guilford : 53.
– Dugoujon, Jean-Michel : 56*n*.
– Duignan, Peter : 55*n*.
– Dumas, Alexandre (Père et fils) : 66.

E

– Éboué, Félix : 66.
– Édouard Ier (roi) : 49*n*.

Cartographie

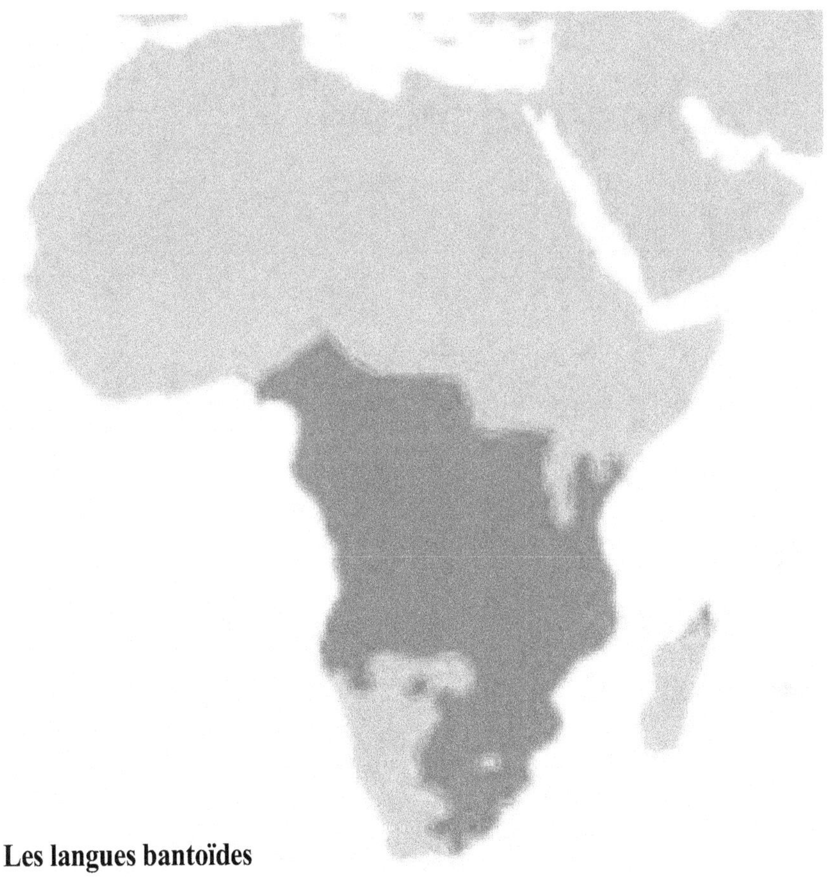

Les langues bantoïdes

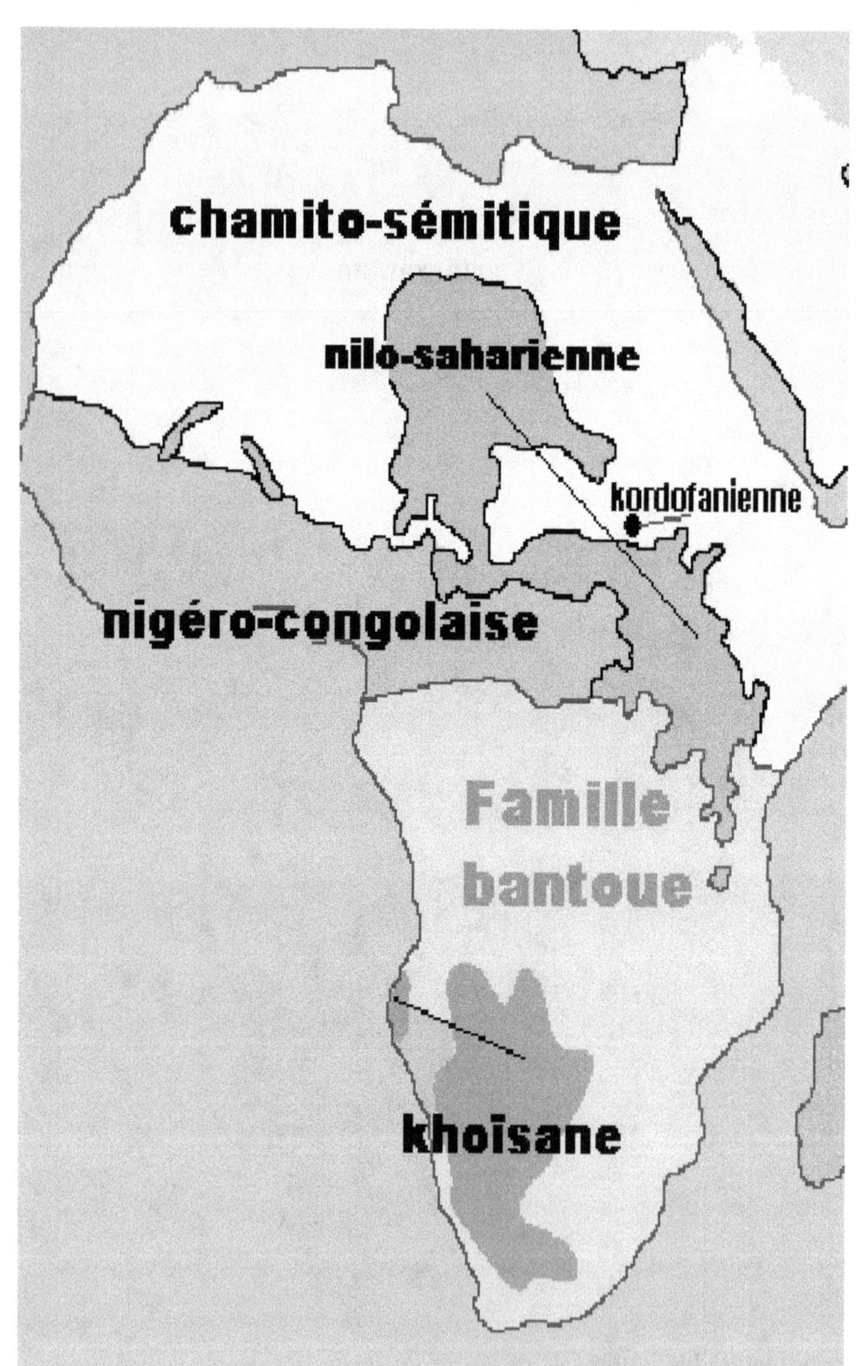

chamito-sémitique
nilo-saharienne
kordofanienne
nigéro-congolaise
Famille bantoue
khoisane

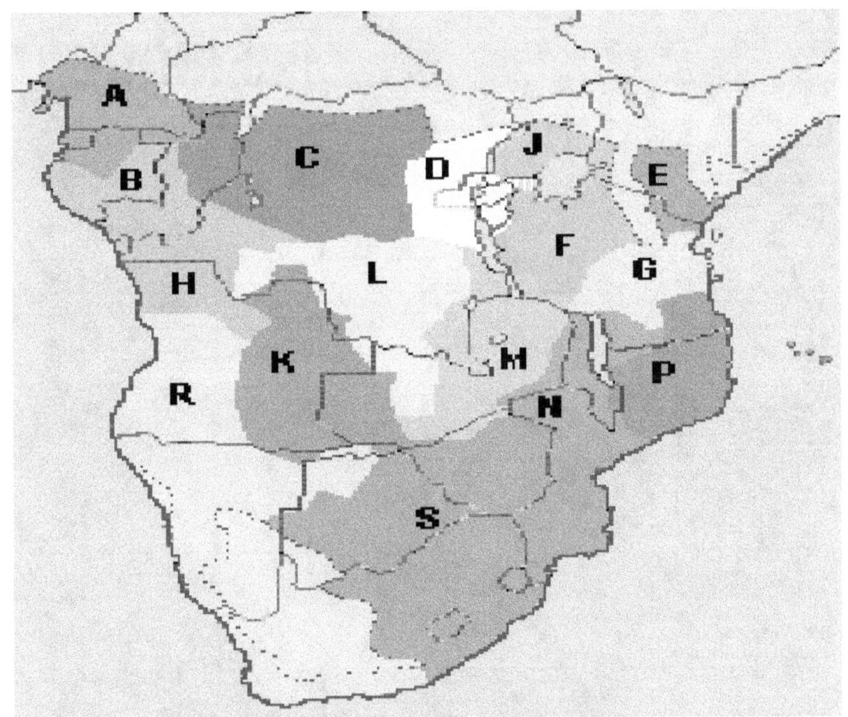

Les 15 zones géographiques (M. Guthrie, 1948)

Zone A (Nigeria, Cameroun, Guinée équatoriale, Gabon) : environ 50 à 70 langues, dont le fang, l'éwondo et le douala ;

Zone B (Gabon, Cameroun) : environ 50 langues, dont le téké et le nzébi ;

Zone C (République centrafricaine, Cameroun) : environ 70-80 langues, dont le tététa, le lingala et le mongo-nkundo ;

Zone D (Congo-Kinshasa, Burundi, Rwanda) : environ 30-40 langues, dont le lega et le bembé ;

Zone E (Ouganda, Kenya) : moins de 20 langues, dont le kikuyu et le kamba ;

Zone F (Tanzanie) : environ 10 langues, dont le sukuma et le nyamwezi ;

Zone G (Tanzanie) : environ 20-30 langues, dont le swahili, le gogo et le comorien ;

Zone H (Angola, Congo-Brazzaville, Congo-Kinshasa, Gabon) : environ 10 langues, dont le kikongo ;

Zone J (Ouganda) : environ 60 langues, dont le kinyarwanda, le kirundi, le luhiya et le nkore-kiga ;

Zone K (Angola, Congo-Kinshasa, Zambie) : moins de 30 langues, dont le ciokwé et le lozi ;

Zone L (Congo-Kinshasa, Zambie) : environ 20 langues, dont le luba ;

Zone M (Zambie, Congo-Kinshasa) : environ 30 langues, dont le bemba et le tonga ;

Zone N (Malawi) : environ 10-20 langues, dont le nyanja (chichewa) ;

Zone P (Tanzanie, Mozambique) : environ 10-20 langues, dont le makhuwa (makoua) ;

Zone R (Angola, Namibie) : moins de 10 langues, dont le mbundu, le wambo, le herero ;

Zone S (Zimbabwe, Botswana, Afrique du Sud, Mozambique, Lesotho, Swaziland) : environ 20-30 langues, dont le zoulou, le xhosa, le shona et le tswana.

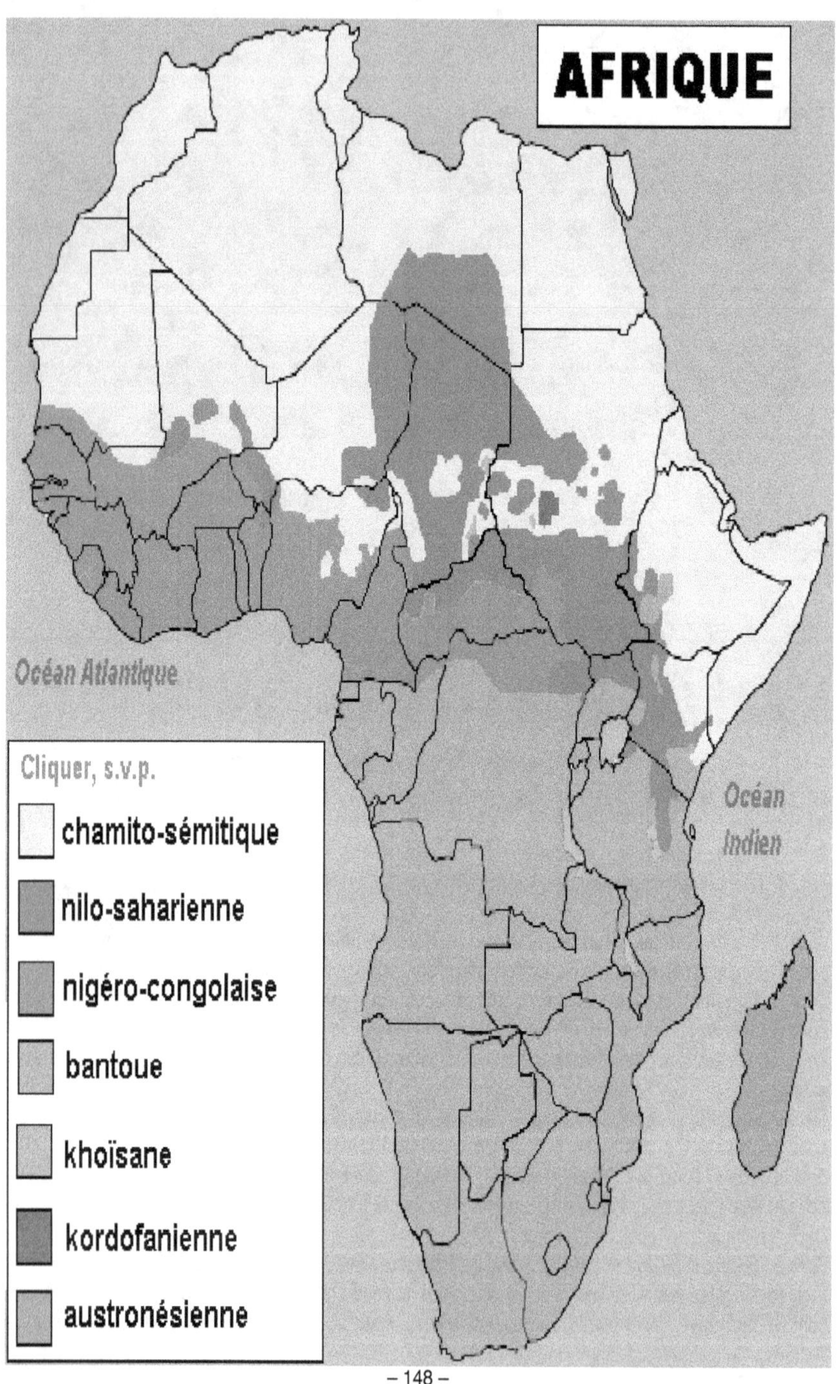

AFRIQUE
Océan Atlantique
Océan Indien
Cliquer, s.v.p.
chamito-sémitique
nilo-saharienne
nigéro-congolaise
bantoue
khoïsane
kordofanienne
austronésienne

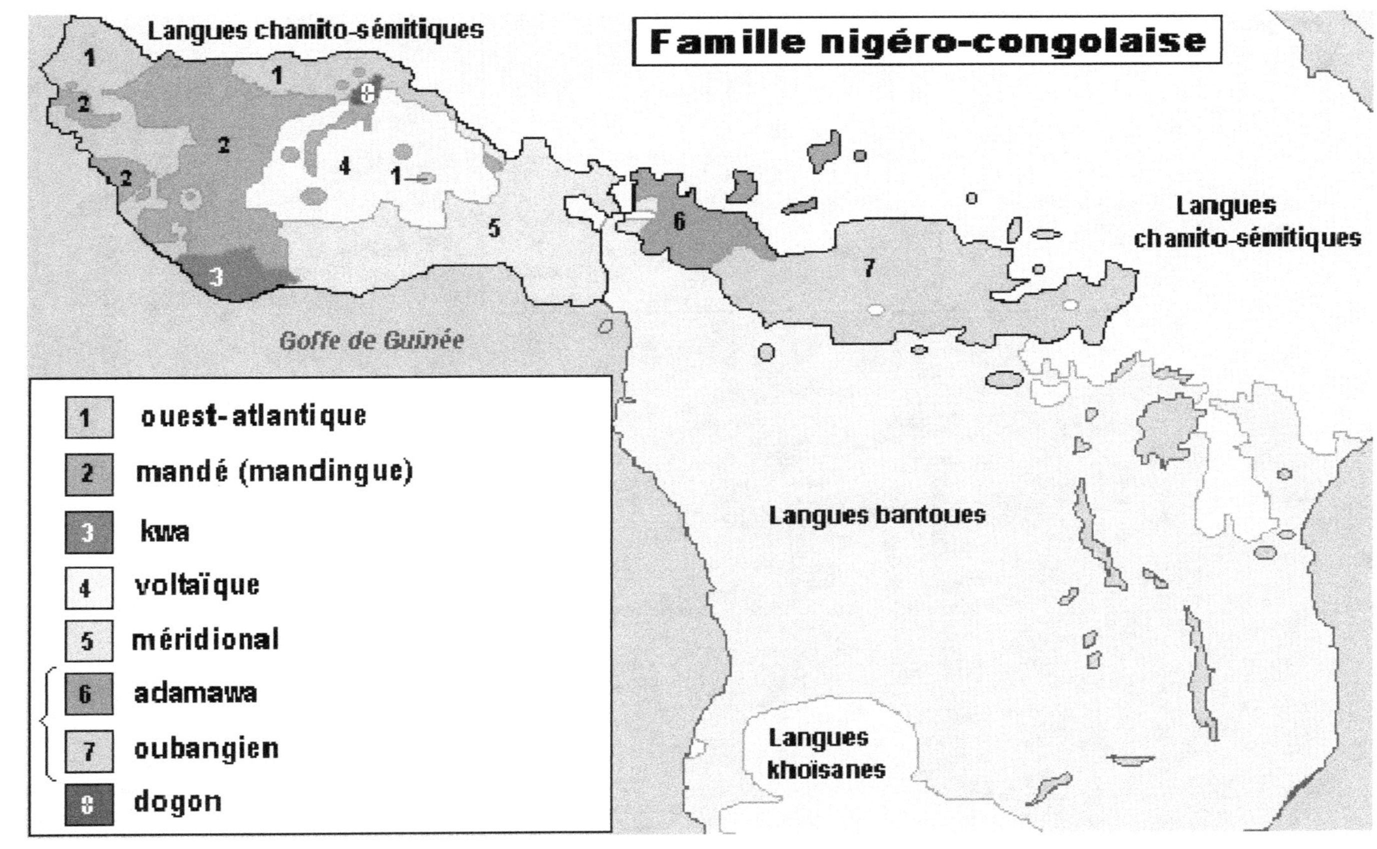

Langues chamito-sémitiques
Famille nigéro-congolaise
Langues chamito-sémitiques
Golfe de Guinée
Langues bantoues
Langues khoïsanes
1 ouest-atlantique
2 mandé (mandingue)
3 kwa
4 voltaïque
5 méridional
6 adamawa
7 oubangien
8 dogon

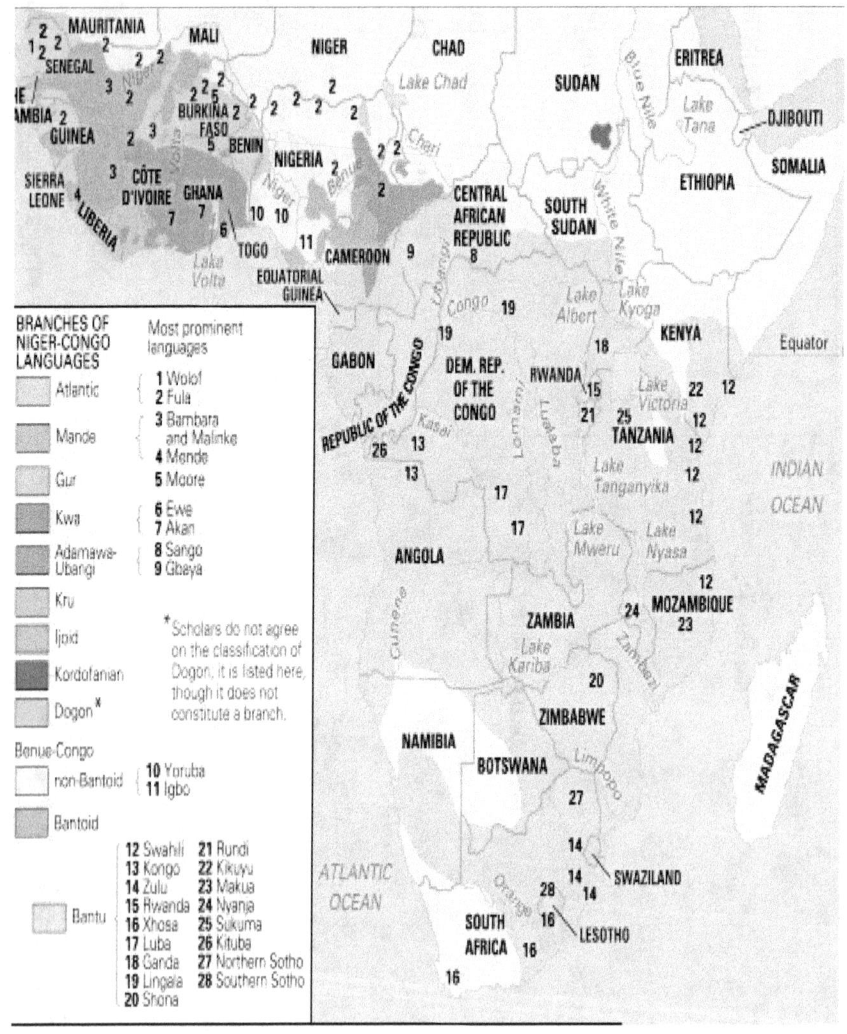

MAURITANIA
MALI
NIGER
CHAD
ERITREA
SENEGAL
Lake Chad
SUDAN
Blue Nile
Lake Tana
DJIBOUTI
Niger
BURKINA
FASO
BENIN
NIGERIA
SOMALIA
GUINEA
Chari
ETHIOPIA
SIERRA
LEONE
CÔTE
D'IVOIRE
GHANA
LIBERIA
Niger
Benue
CENTRAL
AFRICAN
REPUBLIC
SOUTH
SUDAN
White Nile
TOGO
Lake
Volta
EQUATORIAL
GUINEA
CAMEROON
Congo
Ubangi
Lake
Albert
Lake
Kyoga
KENYA
Equator
GABON
REPUBLIC OF THE CONGO
DEM. REP.
OF THE
CONGO
RWANDA
Lake
Victoria
TANZANIA
INDIAN
OCEAN
Kasai
Lomami
Lualaba
Lake
Tanganyika
ANGOLA
Lake
Mweru
Lake
Nyasa
ZAMBIA
Lake
Kariba
MOZAMBIQUE
Zambezi
MADAGASCAR
Cunene
ZIMBABWE
NAMIBIA
BOTSWANA
Limpopo
SWAZILAND
ATLANTIC
OCEAN
Orange
LESOTHO
SOUTH
AFRICA

BRANCHES OF
NIGER-CONGO
LANGUAGES
Atlantic
Mande
Gur
Kwa
Adamawa-
Ubangi
Kru
Ijoid
Kordofanian
Dogon*

Most prominent
languages
1 Wolof
2 Fula
3 Bambara
and Malinke
4 Mende
5 Moore
6 Ewe
7 Akan
8 Sango
9 Gbaya

* Scholars do not agree
on the classification of
Dogon, it is listed here,
though it does not
constitute a branch.

Benue-Congo
non-Bantoid
10 Yoruba
11 Igbo
Bantoid
Bantu
12 Swahili   21 Rundi
13 Kongo   22 Kikuyu
14 Zulu   23 Makua
15 Rwanda   24 Nyanja
16 Xhosa   25 Sukuma
17 Luba   26 Kituba
18 Ganda   27 Northern Sotho
19 Lingala   28 Southern Sotho
20 Shona

OÙ LES AFRICAINS ÉTAIENT-ILS DÉPORTÉS ?

La côte des Esclaves, qui recouvre une douzaine d'Etats africains actuels, a vu sa population stagner pendant quatre siècles à cause de la traite atlantique. A certaines périodes, le Gabon s'est carrément vidé de ses habitants ! Dans l'Angola de 1778, il ne reste plus que 55 hommes pour 100 femmes en âge de procréer.

LES PLUS GRANDS PORTS NÉGRIERS DE FRANCE

Nombre d'expéditions parties depuis la métropole au XVIIIᵉ siècle.

Nantes, La Rochelle, Le Havre et Bordeaux sont les principaux points de départ des navires négriers. Pour supporter les coûts des expéditions, les marchands se regroupent en sociétés maritimes, telles que la Compagnie normande (1626) ou la Compagnie des Indes occidentales (1664).

SOURCE : J. METTAS, RÉPERTOIRE DES EXPÉDITIONS NÉGRIÈRES FRANÇAISES AU XVIIIᵉ S.

COMBIEN VALAIT UN ESCLAVE ?

EN 1790, UNE « NÉGRESSE » COÛTAIT L'ÉQUIVALENT DE :

- **7** pièces de tissu,
- **5** barils de poudre,
- **2** couteaux
- **3** fusils,
- **4** cadenas,
- **5** barres de fer,
- **8** chapeaux et bonnets, des perles.

SOURCE : « LA TRAITE DES NOIRS EN 30 QUESTIONS », PAR ÉRIC SAUGERA, GESTE EDITIONS.

NOMBRE D'AFRICAINS DÉPORTÉS

11 millions

ENTRE 11 ET 12,7 MILLIONS D'AFRICAINS DÉPORTÉS PAR L'EUROPE ENTRE LES XVᵉ ET XIXᵉ SIÈCLES

Table des matières

Ouvrages déjà parus chez le même éditeur

LE DEMANDEUR D'ASILE

Léopold Mwana Malamu est membre, dans son pays d'origine situé au cœur de l'Afrique centrale, d'un mouvement clandestin qui s'oppose de la manière la plus efficace et la plus habile possible à la dictature du régime en place. Il est arrêté, torturé. Il finit par gagner l'Europe : l'Italie d'abord, ensuite la Suisse ; puis la France où l'accueille à bras ouverts une charmante dame de la meilleure société. Reste pour lui à obtenir le statut de réfugié politique. Toutes les démarches du jeune homme échouent et trouver un travail lui est également impossible. *Refoulé administratif* dans son pays d'origine, il est à nouveau torturé.
ISBN : 979-10-91580-00-7 – EAN : 979-1091580007 – *Collection Roman*

DROSERA CAPENSIS

Sous le choc d'une déception amoureuse, le narrateur se remémore la tragédie qui a frappé l'un de ses amis victime d'une femme mystérieuse que d'aucuns ont surnommée *drosera capensis*. Combien de proies humaines, évoluant dans le sillage de son environnement immédiat, cette belle plante carnivore capturera et digérera-t-elle ?
ISBN : 979-10-91580-01-4 – EAN : 9791091580014 – *Collection Roman*

MITTERRAND L'AFRICAIN ?

La complexité des relations franco-africaines ne cesse de donner le tournis à bon nombre d'observateurs. À l'heure où l'actualité africaine est entre autres dominée par les conflits, l'exode de nombreux jeunes et la lente « colonisation » de ce continent par la Chine, d'aucuns ne cessent de s'interroger sur le devenir des relations franco-africaines après François Mitterrand, Jacques Chirac et Nicolas Sarkozy. Cet ouvrage donne quelques pistes très utiles à la compréhension des futures relations entre la France et l'Afrique. On y évoque surtout un lien de près de quarante-cinq ans entre un homme – que l'on qualifie

de *mythe errant* – et tout un continent, des méandres et des écueils qui ont enseveli des tas de secrets dans des marigots africains…
ISBN : 979-10-91580-02-1 – EAN : 9791091580021 – *Collection Démocratie & Histoire*

LA VIE PARISIENNE D'UN NÉGROPOLITAIN

Il est des écrivains qui, avec beaucoup d'habileté, recourent parfois à la fiction pour raconter des histoires réelles. À travers cet ouvrage, l'auteur s'intéresse à la problématique de l'immigration. Ainsi ose-t-il développer, sans aucun détour, des thèmes capitaux qui ressurgissent toujours à l'approche de chaque enjeu électoral dans les sociétés occidentales.
« La vie est comme un jeu d'échecs : nous esquissons un plan, mais celui-ci est tributaire de ce que daigne faire l'adversaire aux échecs et le destin dans la vie. » Cette pensée du philosophe allemand Schopenhauer, ce champion de l'art d'avoir toujours raison, résume à merveille la *Vie parisienne d'un Négropolitain.*
ISBN : 979-10-91580-06-9 – EAN : 9791091580069 – *Collection Roman*

DANS L'ŒIL DU LÉOPARD

Les séides du maréchal Mobutu Sese Seko placèrent la chambre occupée par maître Patrick de Lavigerie, l'avocat porté disparu que le détective devait retrouver, sous très haute surveillance. Les instructions furent données au directeur de l'hôtel Intercontinental de signaler la présence de tout ressortissant français qui y descendrait à l'avenir. Le responsable du complexe hôtelier perdrait son emploi, voire sa vie, au cas où il ne se conformerait pas aux directives et aux exigences d'agents des services de renseignements. Le détective était, dorénavant, dans l'œil du léopard.
ISBN : 979-10-91580-03-8 – EAN : 9791091580038 – *Collection Crime & Suspense*

AU PAYS DES MILLE COLLINES

Dans toutes les officines occidentales, le général rwandais Paul

Kagamé, cet ex-chef des services secrets ougandais et proche conseiller du très cynique président ougandais Yoweri Kaguta Museveni, était considéré comme le vainqueur et le probable futur homme fort du Rwanda. Pourtant, il avait gardé un mauvais souvenir à cause de la spectaculaire débandade, en 1990, des rebelles rwandais basés en Ouganda face aux éléments des Forces armées zaïroises conduits par le général Mahele Lieko Bokungu. Ce dernier, en l'occurrence Donatien, était un ancien gamin de la zone de Ngiri-Ngiri que les Zaïrois avaient affectueusement surnommé « le tigre ».
ISBN : 979-10-91580-05-2 – EAN : 9791091580052 – *Collection Roman*

LA CHASSE AU LÉOPARD

Certes, le renard est un animal très rusé. Pour mener à bien l'expédition que le Quai d'Orsay envisageait sur le sol zaïrois, il fallait un chasseur expérimenté. De plus, il n'était nullement question de s'introduire dans un poulailler, mais d'opérer dans la jungle africaine. Il s'agissait plutôt de la chasse au léopard. Ainsi fallait-il recourir aux services d'un spécialiste de l'enlèvement dans le but de capturer le maréchal Mobutu vivant et de l'exfiltrer vers la France. Il devait neutraliser le léopard dès la première tentative, au risque de s'exposer aux pires représailles de la part de ses zélateurs. L'opération que s'apprêtait à mettre en place la France comportait, à n'en pas douter, beaucoup de risques.
ISBN : 979-10-91580-05-2 – EAN : 9791091580052 – *Collection Crime & Suspense*

LA TRILOGIE DES GRANDS LACS

L'élimination de Jean-Luc Mélenchon et de Benoît Hamon, dès le premier tour de l'élection présidentielle de 2017, et la cuisante défaite de la gauche aux législatives prouvent plus que jamais la nécessité de l'union des forces progressistes et d'un éventuel Bad-Godesberg pour les socialistes. L'union aurait permis de franchir au moins le cap du premier tour. Elle aurait dû éviter l'éparpillement de voix en se rassemblant davantage. Cela laisse supposer que les dernières défaites de la gauche sont surtout le fruit amer de l'inconscience et du manque de solidarité, voire de pragmatisme. « Il faut aller à l'idéal et comprendre le réel », disait Jean Jaurès. Deuxième édition, revue et augmentée.

ISBN : 979-1091580229 – EAN : 9791091580229 – *Collection Démocratie & Histoire*

SOCIALISME : UN COMBAT PERMANENT – tome I – NAISSANCE ET RÉALITÉS DU SOCIALISME

La trilogie des Grands Lacs est un ensemble de trois ouvrages relatifs aux investigations du détective privé Cicéron Boku Ngoi dans deux pays d'Afrique, plus précisément la République du Zaïre, de nos jours la République Démocratique du Congo, ainsi que le Rwanda. Ces enquêtes – à savoir *Dans l'œil du léopard, La chasse au léopard* et *Au pays des mille collines* – sont donc connectées et peuvent être considérées comme une œuvre unique ou bien comme trois œuvres distinctes. Sans conteste, au-delà de l'aspect imaginaire soutenant la trame de différentes investigations de Cicéron Boku Ngoi dans ces deux pays, le lecteur éveillé peut aisément percevoir la géopolitique en cours en Afrique centrale et dans la région des Grands Lacs africains. Ainsi la stratégie interplanétaire se développe-t-elle en Afrique, au détriment des autochtones, dans l'optique – surtout pour les Occidentaux, la Russie et la Chine – de s'imposer comme la puissance militaire et économique du vingt et unième siècle.

ISBN : 979-1091580205 – EAN : 9791091580205 – *Collection Crime & Suspense*

LE CONGO-KINSHASA EN QUELQUES LETTRES

Que représente stratégiquement et économiquement la République Démocratique du Congo à l'échelle à la fois locale, régionale, continentale et mondiale ? Pourquoi, depuis le 30 juin 1960, date de son accession à la souveraineté internationale, ce pays est toujours déstabilisé ? Pourquoi les étrangers, qu'ils soient Africains ou non, s'arrangent-ils sans cesse pour que cet État ne soit pas du tout dirigé par des Congolais d'origine ?
Militant contre des forces à la fois centripètes et centrifuges, quelques Congolais essaient d'impulser un nouvel élan en vue d'une République Démocratique du Congo politiquement éclairée et économiquement viable. L'auteur de cet

ouvrage est sans conteste l'un d'eux.

Que pense-t-il, s'agissant surtout de l'avenir des populations congolais et du devenir de son pays ? Quelle vérité recèlent les mots qu'il égrène patriotiquement ? Cherche-t-il à tracer des sillons que suivront les Congolais éveillés et les forces vives de ce géant assailli, presque agressé, de toutes parts ? Veut-il façonner un moule dans lequel coulera en toute conscience le Congolais de demain ? A-t-on affaire à un acteur politique habile et avisé, *condottiere* pétri d'ambition constructive ? Forban de la politique ou fin stratège ? Quelle part jouera-t-il dans la IVe République, qui plus est en gestation, d'un pays qui a forcément besoin d'un véritable homme, ou femme, d'État en vue de l'ancrage de manière positive dans le troisième millénaire ?

ISBN : 979-10-91580-27-4 – EAN : 9791091580274 – *Collection Démocratie & Histoire*

DANGEREUSE COMÉDIE À BAMAKO

La charmante Malienne vida d'une traite, la tristesse dans l'âme, le verre de whisky que l'on venait de lui tendre. Elle remercia ensuite l'employé de l'*Évasion*, l'un des dancings mythiques de la capitale malienne, et sortit après avoir posé le contenant sur le comptoir. Une fois dehors, l'air chaud fouetta brutalement le visage de la Bamakoise qui eut l'impression d'avoir la tête lourde. Le malaise s'accentuait au fur et à mesure qu'elle marchait. À un moment donné, elle fut en proie au vertige. La nausée l'indisposa. Le whisky était-il empoisonné ? Tout à coup, le vide s'installa dans son esprit et ses jambes la lâchèrent. Elle s'écroula. Non loin de là, les derniers fêtards eurent l'impression qu'une très forte lumière s'extirpa de la masse corporelle qui était allongée à même le sol et se dirigea, en tourbillonnant, vers le haut pour disparaître dans le ciel noir et très étoilé. Ainsi Aïssata Camara rendit-elle l'âme. Elle ne danserait plus jamais au *Calao*, au *Mandingo* ou au *Yanga*. Adieu l'artiste !

Pendant ce temps, dans la villa du quartier huppé de l'Hippodrome, François Piantoni et Aminata Dembélé furent très surpris de revoir l'Homme Noir, en pleine forme, et l'un de ses acolytes que l'on avait pourtant enfermés, bien ligotés, dans la cave. La Malienne et le Corse tentèrent de s'enfuir, mais ils n'eurent pas le temps d'ouvrir la porte…

Quelque chose lui avait échappé, se dit Roger Dercky. La danseuse de Bamako était-elle l'un des maillons de cette chaîne infernale ? Était-il manipulé, depuis le début? Dans l'affirmative, pour quelle finalité? Mamadou Diawoura était-il réellement kidnappé?

ISBN : 979-10-91580-30-4 – EAN : 9791091580304 – *Collection Crime & Suspense*

PAGAILLE À MAVOULA!

Pourquoi cherchait-il à rendre justice lui-même? Cette triste affaire ne concernait que le département des affaires criminelles de la police congolaise. Pourquoi un Zaïrois devait-il s'occuper de l'investigation relative au meurtre d'un ministre d'un pays qui n'était même pas le sien? La famille de la victime n'avait-elle pas confiance aux autorités policières nationales? La justice congolaise était-elle partiale, donc partisane? Pourquoi Roger Dercky devait-il entreprendre une opération périlleuse, au risque de braver quelques intouchables du régime local? Agirait-il avec une intrépidité ingénieuse pour ranimer la rage de vaincre qui l'habitait? Avait-il besoin de l'exaltation que le jeu procurait passionnément en lui: à savoir le divertissement? Dans la vie quotidienne, ce détective privé ne s'amusait pas pour le bonheur de l'ennemi ou de l'adversaire.

L'enveloppe vide, que la réceptionniste du luxueux hôtel situé à la corniche de Bacongo venait de remettre au détective privé, le conforta dans sa vision. Par conséquent, le Zaïrois sortit le revolver dissimulé sous sa veste: un Colt Detective Special. Il ouvrit donc la porte, se pointa tout de suite dans la première pièce et vit un individu emmitouflé dans un trench-coat. L'investigateur pointa l'arme à feu en direction du visiteur inattendu.

– Vous avez des manières inhabituelles de rentrer chez vous…

– Qui êtes-vous? questionna derechef le citoyen zaïrois.

– Je suis Moukila André, inspecteur de la police nationale congolaise.

ISBN : 979-10-91580-25-0 – EAN : 9791091580250 – *Collection Crime & Suspense*

LE CORBEAU DE ZURICH

À la fin des années 1980, en pleine affaire Kopp et dans le contexte d'un probable trafic d'or entre la Turquie et la Suisse, le détective natif de Kinshasa débarqua dans la capitale du canton de Zurich. Ainsi devait-il assurer l'intérim de la direction de l'entreprise familiale *AD Finanzen und Treuhänd* à la suite de l'hospitalisation de son frère qui, après avoir été empoisonné, luttait entre la vie et la mort dans l'un des services du Kantonsspital à Winterthur.

Mais le ressortissant zaïrois se rendrait compte, très vite, que les montagnes suisses cachaient des bunkers bourrés d'armes de guerre. Des voyous en costard et cravate, ainsi que des hommes d'affaires en col blanc mais mafieux, agissaient en toute impunité. Les banques helvétiques n'étaient pas aussi respectueuses de la législation internationale que dans certains pays en voie d'industrialisation. Dans ce pays d'Europe centrale, le chocolat ne contiendrait pas que du lait. Quant aux lacs, ils seraient pleins de cadavres humains. Pis encore, ils serviraient de bases, d'immersion et d'émersion, pour des créatures venues d'autres univers. Vortex vers des mondes parallèles ?

La neutralité de la Confédération helvétique arrangerait-elle quelques puissances, aussi bien terrestres qu'extraterrestres ? Mystère absolu !

ISBN : 979-10-91580-32-8 – EAN : 979109158032 – *Collection Crime & Suspense*

LES FIGURES MARQUANTES DE L'AFRIQUE SUBSAHARIENNE

Il est une évidence : l'histoire de l'Afrique constitue le plus gros mensonge civilisationnel des plus criminogènes qui ait existé. Elle avait été sciemment falsifiée pour des raisons économiques et culturelles, philosophiques et religieuses, dès l'exploration européenne du continent africain commencée par les Grecs anciens et les Romains.

Certes, l'histoire de l'Afrique est faite de personnalités fortes mais sanguinaires et souvent au service des puissances extracontinentales dont les actes, meurtriers et inhumains, doivent inciter à refuser de sombrer dans l'obscurantisme et dans l'asservissement. Ils doivent plutôt pousser les futures générations à souhaiter davantage une Afrique meilleure et plus éclairée sur les plans matériel, économique, social, spirituel, politique…

Mais l'histoire de l'Afrique est avant tout l'œuvre des personnalités exceptionnelles dont les actions, les convictions et les principes, ainsi que les rêves, ont respectivement façonné les différentes époques dans le but de baliser le chemin qu'emprunteraient les futures générations. Gens d'armes, guerriers, conquérants et résistants à la colonisation, messianistes, prophètes et hommes d'Église, panafricanistes et acteurs politiques en vue des indépendances, intellectuels et militants révolutionnaires…, ils ont souvent connu une mort tragique. Mais, passés à la postérité, ils représentent des modèles auxquels doivent se référer les Africains – l'objectif consistant à renouer avec les gloires étatiques de jadis afin de faire triompher un autre modèle de société.

Du point de vue culturel, l'Afrique subsaharienne ne doit en principe avoir aucun complexe au regard d'autres continents de la planète. Encore faut-il que les Africains et leurs descendants s'imprègnent davantage de la diversité de leurs philosophies et cultures, les assument et les intègrent dans les politiques relatives au développement de leurs pays.

ISBN: 979-10-91580-23-6 – EAN: 9791091580236 – *Collection Démocratie & Histoire*

LES FIGURES MARQUANTES DE L'AFRIQUE SUBSAHARIENNE - 2

Il est une évidence : l'histoire de l'Afrique constitue le plus gros mensonge civilisationnel des plus criminogènes qui ait existé. Elle avait été sciemment falsifiée pour des raisons économiques et culturelles, philosophiques et religieuses, dès l'exploration européenne du continent africain commencée par les Grecs anciens et les Romains.

Certes, l'histoire de l'Afrique est faite de personnalités fortes mais sanguinaires et souvent au service des puissances extracontinentales dont les actes, meurtriers et inhumains, doivent inciter à refuser de sombrer dans l'obscurantisme et dans l'asservissement. Ils doivent plutôt pousser les futures générations à souhaiter davantage une Afrique meilleure et plus éclairée sur les plans matériel, économique, social, spirituel, politique…

Mais l'histoire de l'Afrique est avant tout l'œuvre des personnalités exceptionnelles dont les actions, les convictions et les principes, ainsi que les rêves, ont respectivement façonné les différentes époques dans le but de baliser le chemin qu'emprunteraient les futures générations. Gens d'armes, guerriers, conquérants et résistants à la colonisation, messianistes, prophètes et hommes d'Église, panafricanistes et acteurs politiques en vue des indépendances, intellectuels et militants révolutionnaires…, ils ont souvent connu une mort tragique. Mais, passés à la postérité, ils représentent des modèles auxquels doivent se référer les Africains – l'objectif consistant à renouer avec les gloires étatiques de jadis afin de faire triompher un autre modèle de société.

Du point de vue culturel, l'Afrique subsaharienne ne doit en principe avoir aucun complexe au regard d'autres continents de la planète. Encore faut-il que les Africains et leurs descendants s'imprègnent davantage de la diversité de leurs philosophies et cultures, les assument et les intègrent dans les politiques relatives au développement de leurs pays.

ISBN : 979-10-91580-34-2 – EAN : 9791091580342 – *Collection Démocratie & Histoire*

LE REGARD AFRICAIN SUR L'EUROPE

Aujourd'hui, l'Europe et l'Afrique peuvent-elles envisager une nouvelle relation sur des bases saines ? Peut-on changer leur rapport, en ayant à l'esprit l'immigration et le co-développement ? S'agissant de la France, oserait-on encourager la suppression de la cellule africaine de l'Élysée au profit de l'intervention parlementaire en amont dans certaines missions, notamment les actions militaires dans les pays du « pré carré » ? S'agissant de l'Union européenne, doit-elle systématiquement financer l'Union africaine dans le but de maintenir ses États membres dans la dépendance ? Multilatéralisme ou bilatéralisme dans les relations entre les pays africains et ceux d'Europe ? Aurait-on enfin l'intelligence, compte tenu du poids colonial, de dépasser le paternalisme et le bilatéralisme pour mettre l'être humain au cœur de la politique africaine de l'Europe ? Que faire pour que le destin commun profite réellement aux peuples ? Comment les jeunes Africains perçoivent-ils l'avenir de leur continent ? Le panafricanisme, est-ce une voie à développer à tout prix ? Transfert de techniques et de technologie, en échange des matières premières et d'autres marchés ? Assistance matérielle ou aide financière ? Exigence de la protection du bassin du Congo, en contrepartie d'une contribution à l'éducation et à la santé ? Alignement des monnaies africaines, pourquoi pas de la monnaie unique africaine, sur la valeur des ressources naturelles, et non sur le dollar américain, ni sur l'euro ? Indexation automatique du franc CFA sur les critères de la Banque de France, ou alors dépendance ou non à la Banque centrale européenne ? Retrait des troupes militaires étrangères du territoire africain ?

Voilà les questions dont les réponses permettront de sortir, en principe, des rapports dominants-dominés, d'envisager des relations responsables, respectueuses, justes, pérennes et davantage constructives entre les deux continents.

ISBN : 979-10-91580-36-6 – EAN : 9791091580366 – *Collection Démocratie & Histoire*

MAIS QUELLE CRÉDIBILITÉ POUR LES NATIONS UNIES AU KIVU !

Conseil d'insécurité pour les faibles, ou syndicat des nations les plus puissantes ? En tout cas, beaucoup de rapports de l'Organisation des Nations Unies sont catégoriques. Les crimes commis dans la région du Kivu, en présence des militaires de la Monusco, pourraient officiellement constituer une assise solide en vue des poursuites devant la Cour pénale internationale (CPI). La déstabilisation de la partie orientale de la République Démocratique du Congo relèverait-elle d'une guerre économique, que l'on ne souhaiterait surtout pas assumer publiquement ? S'agirait-il d'une sorte de recolonisation que l'on n'oserait pas reconnaître comme telle ? Le colonialisme serait-il de retour, sous d'autres aspects et dans des habits tout neufs ? Serait-il tout simplement question d'occupation ?

Est-on en train d'assister, s'agissant de l'exploitation des enfants dans les mines du Kivu et des violences sexuelles, à une nouvelle forme d'esclavage ? Dans l'affirmative, pourrait-on évoquer l'irresponsabilité des Congolais, en particulier, et la complicité des Africains, en général, au même titre que celles de quelques-uns de leurs aînés durant la traite négrière ?

La tentative de balkanisation de la République Démocratique du Congo ne pourrait qu'inciter plus d'un observateur à s'interroger sérieusement sur le véritable rôle, voire l'efficacité, des troupes onusiennes dans la région des Grands Lacs africains. Pour éviter la transformation du Kivu et de l'Ituri en une zone de non-droit, où tout le monde pourrait se procurer les minerais de sang à moindres frais, l'autorité de l'État congolais devrait être rétablie dans le plus court délai sur l'ensemble du territoire national.

ISBN : 979-10-91580-40-3 – EAN : 9791091580403 – *Collection Démocratie & Histoire*

LES FIGURES MARQUANTES DE L'AFRIQUE SUBSAHARIENNE - 3

Dans cet ouvrage, le passé éclaire le présent dans l'optique de dessiner les lignes du futur. De plus, la compréhension de l'Histoire est un facteur déterminant en vue de la construction en toute connaissance de cause. S'appuyant à juste titre sur le symbolique miroir indispensable à l'introspection, l'auteur déterre avec parcimonie une immense richesse. Ce patrimoine culturel et historique est composé d'une grande diversité de héros, de guerriers, de résistants, d'artistes, d'auteurs, de sportifs ayant marqué l'Afrique par leur courage, leur plume, leur action politique, leur prouesse musicale, leur engagement sociétal, leur capacité intellectuelle, leur apport culturel, leur exploit sportif… Des hommes vaillants et des femmes ingénieuses qui, à n'en pas douter, serviront des modèles en vue d'une extrospection sur la base d'une vision non pessimiste.

De Soundiata Keïta à Nelson Mandela sans oublier Chaka Zulu, de Seydou Badian à Cheikh Anta Diop, d'Eusebio à Pierre Ndaye Mutumbula Mulamba en passant par Robert Mensah, du Grand Maître Franco Luambo Makiadi à Anikulapo Fela Kuti, de Kimpa Vita à la reine Pokou, de Miriam Makeba à Abeti Masikini en s'attardant sur Bella Bellow et Cesária Évora, de la reine Ranavalona Ière à Wangari Maathai, de Nzinga Mbandi à Manthatisi via Ntebogang Ratshosa et Labotsibeni Gwamile Mdluli, ainsi que Mbuya Nehanda, de Jomo Kenyatta à Samora Machel, en s'attardant sur Patrice Lumumba…, cet ouvrage est une invitation à la vraie découverte d'un continent aux immenses potentialités, ainsi qu'à l'avenir vivable et viable.

ISBN : 979-10-91580-38-0 – EAN : 9791091580380 – *Collection Démocratie & Histoire*